천지팔양신주경

우리출판사

천지팔양신주경

사경의 목적

사경은 경전의 뜻을 보다 깊이 이해하려는 목적도 있지만, 부처님의 말씀을 옮겨 쓰는 경건한 수행을 통해 자기의 신심信心과 원력을 부처님의 말씀과 일체화시켜서 신앙의 힘을 키워나가는데 더 큰 목적이 있다.

조용히 호흡을 가다듬고 부처님의 말씀을 마음으로 되새기며, 정신을 집중하여 사경에 임하다 보면 자신도 모르는 사이에 사경 삼매에 들게 된다. 또한 심신心身이 청정해져 부처님의 마음과 통하게 되니, 부처님의 지혜의 빛과 자비광명이 우리의 마음속 깊이 스며들어 온다.

그러면 몸과 마음이 안락과 행복을 느끼면서 내 주변의 모든 존재에 대한 자비심이 일어나니, 사경의 공덕은 이렇듯 그 자리에서 이익을 가져온다.

사경하는 마음

경전에 표기된 글자는 단순한 문자가 아니라 부처님께서 깨달은 진리라는 상징성을 갖고 있다. 경전의 글자 하나하나가 중생구제를 서원하신 부처님의 마음이며, 중생을 진리의 길로 인도하는 지침인 것이다.

예로부터 사경을 하며 1자3배의 정성을 기울인 것도 경전의 한 글자 한 글자에 부처님이 함께하신다고 생각했기 때문이다. 사경이 수행인 동시에 기도의 일환으로 불자들에게 널리 행해지는 까닭이 여기에 있다.

사경은 부처님의 가르침과 함께하는 시간이며 부처님과 함께하는 시간이다. 부처님의 말씀을 가슴으로 받아들이고 마음으로 찬탄하며 진실로 기쁘게 환희로워야 하는 시간인 것이다.

따라서 사경은 가장 청정한 마음으로 임해야 한다.

사경의 공덕

❀ 마음이 안정되고 평화로워져 미소가 떠나질 않는다.
❀ 부처님을 믿는 마음이 더욱 굳건해진다.
❀ 번뇌 망상, 어리석은 마음이 사라지고 지혜가 증장한다.
❀ 생업이 더욱 번창한다.
❀ 좋은 인연을 만나고 착한 선과가 날로 더해진다.
❀ 업장이 소멸되며 소원한 바가 반드시 이루어진다.
❀ 불보살님과 천지신명이 보호해 주신다.
❀ 각종 질환이나 재난, 구설수 등 현실의 고苦를 소멸시킨다.
❀ 선망조상이 왕생극락하고 원결 맺은 다겁생의 영가들이
   이고득락離苦得樂한다.
❀ 가정이 화목하고 자손들의 앞길이 밝게 열린다.

사경하는 절차

1. 몸을 깨끗이 하고 옷차림을 단정히 한다.
2. 사경할 준비를 갖춘다.(사경상, 좌복, 필기도구 등)
3. 삼배 후, 의식문이 있으면 의식문을 염송한다.
4. 좌복 위에 단정히 앉아 마음을 고요히 한다.
   (잠시 입정하면 더욱 좋다.)
5. 붓이나 펜으로 한 자 한 자 정성스럽게 사경을 시작한다.
6. 사경이 끝나면 사경 발원문을 염송한다.
7. 삼배로 의식을 마친다.

◆ 기도를 더 하고 싶을 때에는 사경이 끝난 뒤, 경전 독송이나
   108배 참회기도, 또는 그날 사경한 내용을 참구하는 명상 시간을
   갖는 것도 좋다.
◆ 사경에 사용하는 붓이나 펜은 사경 이외의 다른 용도에 사용하지
   않도록 한다.
◆ 완성된 사경은 집안에서 가장 정갈한 곳(혹은 높은 곳)에 보관하거나,
   경건하게 소각시킨다.

발 원 문

년   월   일

천지팔양신주경

이렇게 들었다.

어느 때에 부처님이 비야달마성 고요한 곳에 계실 적에 시방에서 따라다니는 사부대중이 부처님을 모시고 둘러앉았다.

이때에 무애보살이 대중 가운데 있다가 자리에서 일어나 합장하고 부처님을 향하여 여쭈었다.

『세존이시여, 이 남섬부주 중생들이 번갈아 서로 낳기를 끝없는 옛적부터 지금에 이르기까지 끊어지지 아니하며, 유식한 이는 적고 무식한 이가 많으며, 염불하는 이는 적고 잡신에게 구하는 이가 많으며, 계

행을 지니는 이는 적고 계행을 파하는 이
가 많으며, 정진하는 이는 적고 게으른 이
가 많으며, 지혜 있는 이는 적고 어리석은
이가 많으며, 장수하는 이는 적고 단명하
는 이가 많으며, 선정 닦는 이는 적고 마
음이 산란한 이가 많으며, 부귀한 이는 적
고 빈천한 이가 많으며, 유순한 이는 적고
거친 이가 많으며, 흥성하는 이는 적고 고
독한 이가 많으며, 정직한 이는 적고 아첨
하는 이가 많으며, 청정한 이는 적고 탐내
는 이가 많으며, 보시하는 이가 적고 인색
한 이는 많으며, 진실한 이는 적고 허황한
이가 많으며, 세속은 천박하고 관리들은
혹독하며 부역과 구실은 잡다하여 백성들
은 궁한 연고로 구하는 바를 얻기 어렵고,
삿되고 전도된 견해를 믿어 이러한 고통을
받는 듯하오니, 바라옵건대 세존께서는 이

소견이 잘못된 중생들을 위하여 올바른 법
문을 말씀하시어 잘못된 것을 깨닫고 온갖
고통을 면하게 하소서.』

부처님이 말씀하셨다.

『훌륭하고 훌륭하다. 무애보살아, 네가 자
비한 마음으로 소견이 잘못된 중생들을 위
하여 부사의한 여래의 올바른 법을 물으니
자세히 듣고 잘 생각하라.

내가 너를 위하여 천지팔양경을 분별하여
말하리라. 이 경은 과거세 부처님들께서도
말씀하시었고, 미래세 부처님들께서도 말
씀하실 것이요, 현세 모든 부처님들도 말
씀하시느니라.

이 하늘과 땅 사이에는 사람이 가장 수승
하여 만물 가운데 가장 귀한 것이니, 사람
이란 것은 바른 것이며 참된 것이란 뜻이
니 마음으로는 허망함이 없고 몸으로는 바

르고 참된 일을 행하여야 하느니라. 왼쪽

으로 삐친 획은 바르다는 뜻이요, 오른쪽

으로 삐친 획은 참되다는 뜻이니 항상 바

르고 참된 일만 행하므로 사람이라 하였느

니라. 이러함으로 사람은 능히 도를 넓히

고, 도는 몸을 윤택케 하는 줄을 알지니,

도를 의지하고 사람을 의지하면 모두 성인

의 도를 이루느니라.

다시 말하니 무애보살아, 여러 중생이 사

람이 되었건만 복을 닦지 못하여 참된 것

을 등지고 거짓된 것을 향하여 여러 가지

나쁜 업을 지었으므로 목숨을 마치려 할

적에 고생바다에 빠져서 여러 가지 죄보를

받게 되나니, 만일 이 경 말씀을 듣고 믿

는 마음을 거스르지 아니하면 모든 죄업을

해탈하고 고생바다에서 벗어나 선신의 가

호를 입어 모든 장애가 없어지고 수명이

늘어 오래 살고 횡액과 일찍 죽는 일이 없을 것이니, 믿는 힘으로도 이러한 복을 받게 되거늘 하물며 어떤 사람이 이 경을 쓰거나 받아 지니거나 읽거나 외우거나 법답게 닦아 행하면 그 공덕은 헤아릴 수 없고 끝이 없어서 목숨을 마친 뒤에는 모두 부처를 이루게 되느니라.』

부처님이 무애보살마하살에게 이르셨다.

『만일 어떤 중생이 삿된 도를 믿고 소견이 잘못되면 곧 사마와 외도와 도깨비와 나쁜 새의 울음과 온갖 괴물과 나쁜 귀신들이 번갈아 와서 시끄럽게 할 것이며, 나쁜 질병이나 모진 염병이나 여러 가지 나쁜 횡액과 병을 주어서 지독한 고통을 쉴 새 없이 받게 될 것이나 만약 선지식을 만나 이 경을 세 번만 읽어주면 이러한 나쁜 귀신들이 모두 소멸되고 병이 나을 것이며, 몸이 건강

하고 기운이 충실하리니, 이 경을 읽은 공

덕으로 이러한 복을 받게 되느니라.

만일 어떤 중생이 음욕과 성냄과 어리석은

생각과 간탐하고 시기하는 마음이 많더라

도 만일 이 경을 보고 믿고 공경하고 공양

하여 세 번만 읽으면 어리석고 나쁜 버릇

이 모두 소멸되고 자비하고 기쁜 불법의

복을 얻게 되느니라.

또 무애보살아, 어느 선남자 선여인이 어

떤 역사를 하려 할 때에 먼저 이 경을 세

번만 읽으면 담을 쌓거나 터를 다지거나

집을 짓거나 안채, 바깥채나 동서 행랑이

나 부엌과 객실을 중수하거나 문을 내고

샘을 파고 아궁이를 고치고 방아를 놓고

창고를 짓고 가축들의 우리를 세우더라도

일유신과 월살귀와 장군태세와 황번표미

와 오방지신과 청룡백호, 주작현무와 육갑

금휘와 십이제신과 토위와 복룡과 온갖 허깨비 도깨비들이 모두 숨거나 타방으로 물러가며 형상과 그림자까지 소멸되고 해롭게 하지 못할 것이며 매사가 대길하여 한량없는 복을 받으리라.

선남자야, 역사를 일으킨 뒤에 집안이 태평하고 가옥이 견고하며 부귀영화를 구하지 아니하여도 저절로 이루어지며, 혹 먼 길을 가거나 군대에 들어가거나 벼슬을 구하거나 장사를 하려 하여도 매우 편리하게 되며, 가문이 흥왕하여 사람이 귀히 되며, 백자천손에 아비는 사랑하고 아들은 효도하며, 남자는 충성하고 여자는 정결하며, 형은 우애하고 아우는 공손하며, 부부가 화목하고 친척 간에 신의가 있어 소원을 성취하게 될 것이며, 만일 어떤 중생이 옥중에 감금되거나 도적에게 붙들렸더라도

이 경을 세 번만 읽으면 즉시 벗어나게 되느니라.

어느 선남자나 선여인이 천지팔양경을 받아지니거나 외우거나 남을 위하여 쓰거나 하면 불에 들어가도 타지 아니하고, 물에 빠져도 떠내려가지 아니하며, 험한 숲 속에 가더라도 범과 이리가 자취를 감추고 할퀴거나 물지 못하며 선신이 보호하며 무상도를 이루게 되느니라.

또 어떤 사람이 거짓말과 꾸며대는 말과 욕설과 이간질하는 말을 많이 하였더라도 이 경을 받아 지니거나 외우거나 하면 네 가지 허물이 없어지고 네 가지 무애변재를 얻어서 불도를 성취할 것이니라.

또 선남자나 선여인의 부모가 죄를 짓고 죽은 후에 지옥에 떨어져서 무한한 고통을 받게 되었을지라도, 그 아들이 이 경을 일곱

번만 읽으면 그 부모가 지옥에서 벗어나 천

상에 날 것이며 부처님 법문을 듣고 무생법

인을 깨달아 불도를 이루게 되느니라.』

부처님이 무애보살에게 이르셨다.

『비바시 부처님 때에 우바새 우바이가 삿

된 교를 믿지 않고 불법을 존중하며 이 경

을 써서 배우고 읽고 외우며 할 일을 모두

하되 한 번도 의심하지 아니하며 올바르게

믿는 까닭으로 보시를 널리 행하고 평등하

게 공양하다가 번뇌 없는 몸을 얻어 보리

도를 이루었으니 명호는 보광여래 응정등

각이요, 겁명은 대만겁이며 세계 이름은

무변국토라. 그 세계 중생들이 다만 보살

도를 행하였을 뿐이요, 법을 얻었다는 것

은 없었느니라.

또 무애보살아, 이 천지팔양경이 남섬부주

에 유행하면 가는 곳마다 여덟 보살과 여

러 범천왕과 온갖 밝은 신령들이 이 경을 둘러싸고 호위하며 향과 꽃으로 공양하기를 부처님과 같이 하리라.』

부처님이 무애보살마하살에게 말씀하셨다.

『만일 선남자나 선여인이 중생들을 위하여 이 경을 강설하여 실상을 잘 알고 깊은 이치를 얻으면 이 몸이 곧 부처님의 몸이요, 이 마음이 곧 법의 마음임을 알 것이니라.. 그리하여 능히 아는 것이 곧 지혜인지라, 눈으로는 항상 여러 가지 모든 물질을 보건대 물질이 곧 공이요, 공이 곧 물질이며, 감각과 지각과 의지와 인식도 또한 공이어서 이것이 묘색신여래이며, 귀로는 항상 여러 가지 끝없는 소리를 듣건대 소리가 곧 공이요, 공이 곧 소리여서 이것이 묘음성여래이며, 코로는 항상 여러 가지 끝없는 냄새를 맡건대 냄새가 곧 공이요,

공이 곧 냄새여서 이것이 향적여래이며,
혀로는 항상 여러 가지 끝없는 맛을 알진
대 맛이 곧 공이요, 공이 곧 맛이어서 이
것이 법희여래이며, 몸으로는 항상 여러
가지 끝없는 촉감을 느끼건대 촉감이 곧
공이요, 공이 곧 촉이어서 이것이 지승여
래며, 뜻으로는 항상 여러 가지 끝없는 법
을 생각하며 분별하거든 법이 곧 공이요,
공이 곧 법이어서 이것이 법명여래이니라.
선남자야, 이 육근이 나타나되 사람들이
항상 입으로 선한 말을 하여 선법이 항상
행하여지면 성인의 도를 이루는 것이요,
나쁜 말을 하여 악법이 항상 행하여지면
지옥에 떨어지느니라.
선남자야, 선악의 이치를 꼭 믿어야 하느
니라.
선남자야, 사람의 몸과 마음이 불법을 담

을 그릇이며 또한 십이부의 가장 큰 경전
이건만 끝없는 옛적부터 지금까지 모두 읽
지 못하였으며 터럭만치도 건드리지 못하
였나니 이 여래장경은 마음을 알고 성품을
본 사람만이 아는 것이요, 성문이나 범부
들은 알지 못하느니라.
선남자야, 이 경을 읽고 외워서 깊이 진리
를 깨달으면 이 몸과 마음이 곧 불법을 담
는 그릇인 줄을 알거니와 만일 술 취한 듯
깨지 못하면 자기의 마음이 불법의 근본임
을 알지 못하고 여러 갈래로 헤매며 나쁜
길에 떨어져서 영원히 고통바다에 빠지고
불법이란 이름조차 듣지 못하리라.』
그때에 오백 천인들의 대중 가운데서 부처
님의 말씀을 듣고 지혜의 눈이 밝아짐을
얻고는 크게 즐거워서 즉시 위없는 깨달음
의 마음을 내었느니라.

무애보살이 다시 부처님께 여쭈었다.

『세존이시여, 사람이 이 세상에 있어서 나고 죽는 것이 가장 소중하지마는 날 때에도 택일하지 못하고 때가 되면 나는 것이요, 죽을 때에도 택일하지 못하고 때가 되면 죽는다고 할지라도 시신을 안치하거나 장사지낼 때에는 좋은 날을 택하여 시신을 안치하고 장사하건만 그러한 뒤에 도리어 해가 되어 빈궁해지는 이가 많고 가문이 멸망하는 일까지 적지 아니합니다.

원컨대 세존이시여, 소견이 잘못되고 무지한 중생들을 위하여 그 인연을 말씀하사 올바른 소견을 가지고 뒤바뀐 소견을 덜게 하여 주시옵소서.』

부처님이 말씀하셨다.

『훌륭하고 훌륭하다. 선남자야, 네가 능히 중생들의 나고 죽는 일과 시신을 안치하거

나 장사 지내는 법을 물으니 자세히 들으라.
너를 위하여 슬기로운 이치와 대도의 법을
말하리라.

대개 천지는 넓고 깨끗하며 해와 달은 항
상 밝은지라, 어느 시간이나 어느 해나 좋
고 아름다워 조금도 다름이 없느니라.

선남자야, 인왕보살이 크게 자비하여 중생
을 불쌍히 여기기를 어린아이같이 하는 탓
으로 사람들의 임금이 되고 백성의 부모가
되었을 때 세속 사람을 수순하여 세속법을
가르치되 책력을 만들어 천하에 반포하여
절후를 알게 하였거늘 만(滿), 평(平), 성
(成), 수(收), 개(開), 제(除), 집(執), 위
(危), 파(破), 살(殺)이란 글자가 있는 까
닭으로 어리석은 사람들은 글자대로만 믿
으면 흉한 일과 재앙을 면하리라 하고, 삿
된 교를 섬기는 사람들은 이것을 부연하여

이리하면 옳고 저리하면 그르다 하여 부질없이 삿된 신에게 구하며 아귀에게 절하다가 도리어 재앙을 만나고 고통을 받나니, 이런 사람들은 천시에 배반되고 지리에 어긋나며, 해와 달의 밝은 빛을 등지고 항상 어두운 데로 가는 것이며, 정도의 넓은 길을 버리고 항상 잘못된 길을 찾는 것이니, 뒤바뀐 소견이 심한 까닭이니라.

선남자야, 해산하려 할 때에 이 경을 세 번만 읽으면 아이를 순산하여 크게 길할 것이며, 총명하고 지혜 있고 복덕이 구족하여 요절하는 일이 없을 것이요, 죽으려 할 때에 이 경을 세 번만 읽으면 조금도 방해가 없고 한량없는 복을 얻으리라.

선남자야, 날마다 좋은 날이요, 달마다 좋은 달이요, 해마다 좋은 해라 진실로 막힐 것이 없나니, 준비만 되면 어느 때든지 시

신을 안치하거나 장사 지내되, 장사하는 날에 이 경을 일곱 번만 읽으면 크게 길하고 이로워서 한량없는 복을 받을 것이며, 가문이 번영하고 사람이 귀히 되며 수명이 늘어 장수하고 목숨을 마치는 날에는 성인의 도를 이루리라.

선남자야, 시신을 안치하고 장사할 곳은 동서남북을 물을 것 없고 편안한 자리를 구할지니 사람이 좋아하는 곳이면 귀신도 좋아하느니라. 이 경을 세 번 읽고 역사를 시작하여 묘를 쓰고 묘전을 마련하면 재앙은 영원히 없어지고 집은 부유해지고 사람이 번성하여 크게 길하리라.』

그때에 세존께서 이러한 뜻을 거듭 말씀하사 게송으로 말씀하셨다.

삶을 영위할 때
좋은 날이요,

장사하는 그날마저

길한 때이니

날 때에나 죽을 때에

이 경을 읽으면

크게 길하고

크게 이익됨을 얻으리라.

달마다 좋은 달이요,

해마다 좋은 해로다.

이 경을 읽고 장사지내면,

천추만대 영화롭고

창성하리라.

그때에 대중 가운데 칠만칠천 사람이 부처님의 말씀을 듣고 마음이 열리고 뜻이 트이어, 삿된 도를 버리고 정도로 돌아와서 불법을 얻어 지녀 의심을 영원히 끊어버리고, 모든 대중이 최상의 성스러운 깨달음의 마음을 내었다.

무애보살이 다시 부처님께 여쭈었다.

『세존이시여, 범부들이 혼인을 하려 할 때에 먼저 서로 맞는가를 물어보고, 다음에 길한 날을 택하여서 혼례를 행하지만 혼인한 뒤에 부귀하여 해로하는 이는 적고, 빈궁하게 살다 헤어지고 죽어 이별하는 이가 많으니, 똑같이 삿된 말을 믿는 것이거늘 어찌하여 이러한 차별이 있나이까.

원컨대 세존께서 여러 사람의 의심을 풀어 주소서.』

부처님께서 말씀하셨다.

『선남자야, 자세히 들으라. 너를 위하여 말하리라.

무릇 하늘은 양이요 땅은 음이며, 달은 음이요 해는 양이며, 물은 음이요 불은 양이며, 남자는 양이요 여자는 음이니, 하늘과 땅의 기운이 합하여 온갖 초목이 나는 것

이요, 해와 달이 서로 움직여 사계절과 팔절기가 분명하게 생기는 것이요, 물과 불이 서로 보좌하여 온갖 만물이 성숙하는 것이요, 남녀가 화합하여 자손이 번성하는 것이 모든 세상의 당연한 도리요 자연의 이치이며 세속의 법이니라.

선남자야, 어리석은 사람은 지견이 없어 삿된 도리를 따르는 사람을 믿어 점치고 굿을 하여 길하기를 바라며, 선업을 닦지 않고 여러 가지 악업만 짓다가 죽은 뒤에는 다시 사람으로 태어나는 이는 손톱 위의 흙과 같이 적고, 지옥에 떨어져 아귀가 되거나 축생으로 태어나는 이가 땅덩이의 흙과 같이 많으니라. 선남자야, 사람으로 태어난 이들도 바른 일을 믿고 선업을 닦는 이는 손톱 위의 흙만큼이나 적고, 나쁜 도를 믿고 악업을 짓는 이는 땅덩이의 흙

과 같이 많으니라.

선남자야, 혼인을 맺으려 할 때는 물과 불이 상극이 된다거나 포와 태가 서로 늘린다거나 나이가 맞지 않거나를 묻지 말고 다만 녹명서를 보면 복덕이 많고 적음을 알 수 있는 것이니, 그로써 권속을 삼고 결혼하는 날에 이 경을 세 번 읽고 혼례를 올리면 좋은 일이 항상 계속되고 빛난 광명이 서로 모여 가문은 높아지고 사람은 귀히 되고 자손이 창성하되, 총명하고 지혜롭고 재주 있고 솜씨 좋고 효도하고 공경함이 대대로 계승되어 크게 길할 것이요, 요절하는 일이 없고 복덕이 구족하여 불도를 이루리라.』

그때에 여덟 보살이 부처님의 위신력을 이어서 총지를 얻고도 항상 인간 세상에 머무르며 밝은 광명을 두리우고, 티끌세상과 함

깨하면서 삿된 도를 깨뜨리고 정도를 세우

며 사생을 제도하고 항상 해탈에 있으면서

도 남들과 달리하지 아니하니 그 이름은,

발타라보살누진화 나린갈보살누진화

교목도보살누진화 나라달보살누진화

수미심보살누진화 인저달보살누진화

화륜조보살누진화 무연관보살누진화였다.

이 여덟 보살이 함께 부처님께 말씀하시길,

『세존이시여, 저희들이 여러 부처님 처소에

서 받은 다라니 주문을 지금 설하여서 천지

팔양경을 받아 지니고 읽고 외우는 이를 보

호하여 영원히 두려울 것이 없게 하오며,

또 온갖 악한 것들로 하여금 이 경 읽는 법

사를 침노하지 못하게 하겠나이다.』

하고 부처님 앞에서 주문을 외웠다.

『아거니 이거니 아비라 만례 만다례』

『세존이시여, 만일 어떤 악한 이가 이 법사

에게 와서 시끄럽게 하려 하면 나의 이 주문을 듣고는 머리가 아리나무 가지같이 일곱쪽으로 쪼개지는 고통이 되게 하겠나이다.』

그때에 무변신보살이 자리에서 일어나 앞으로 나가 부처님께 말씀하시길,

『세존이시여, 어찌하여 천지팔양경이라 하나이까. 세존이시여, 그 뜻을 말씀하사 이 대중들로 하여금 그 뜻을 깨달아 빨리 마음의 근본을 통달하고 부처님의 지견에 들어가 의심을 끊게 하여 주소서.』

부처님이 말씀하셨다.

『훌륭하고 훌륭하다. 선남자야, 너는 자세히 들어라. 내가 너를 위하여 이제 천지팔양경의 뜻을 분별하여 말하리라.

천(天)은 양이요, 지(地)는 음이요, 팔(八)은 분별이요, 양(陽)은 분명히 안다는 뜻이니, 대승의 하염없는 이치를 분명히

알아서 팔식 인연이 공하여 얻을 것이 없음을 잘 분별하는 것이니라. 또한 팔식은 세로 줄이 되고, 양의 글자는 가로 줄이 되어 세로 줄과 가로 줄에 뜻이 서로 어울려 경전을 이룬 까닭에 팔양경이라 하느니라. 팔은 팔식이니, 안, 이, 비, 설, 신, 의 여섯 근으로 된 육식과 함장식과 아뢰야식을 더하여 팔식이라 하거늘, 팔식의 근원을 분명하게 분별하면 아무것도 없이 공한 것이니라. 그러므로 알아라.

두 눈은 광명천이니 광명천 가운데에는 일월광명 세존을 나타내고, 두 귀는 성문천이니 성문천 가운데에는 무량성여래를 나타내고, 두 코는 불향천이니 불향천 가운데에는 향적여래를 나타내고, 입에 혀는 법미천이니 법미천 가운데에는 법희여래를 나타내고, 몸은 노사나천이니 노사나천

가운데에는 성취노사나불과 노사나경상불과 노사나광명불을 나타내고, 뜻은 무분별천이니 무분별천 가운데에는 부동여래대광명불을 나타내고, 마음은 법계천이니 법계천 가운데에는 공왕여래를 나타내며, 함장식천에는 아나함경과 대반열반경을 나타내고, 아뢰야식천에는 대지도론경과 유가론경을 연출하느니라.

선남자야, 부처님이 곧 법이요, 법이 곧 부처님이니 합하여 한 모양이 되어 대통지승여래를 나타내느니라.』

부처님께서 이 경을 말씀하실 때에 대지가 여섯 가지로 진동하며, 광명이 하늘과 땅에 비추어 끝간 데가 없이 두루 가득하여 이름할 수 없었으며 온갖 어둡던 곳이 모두 명랑하여지고 모든 지옥이 한꺼번에 소멸하여 여러 죄인들이 모두 고통을 여의었다.

그때에 대중 가운데 있던 팔만팔천 보살이 일시에 성불하였으니, 이름이 공왕여래 응정등각이시고 겁명은 이구겁이요, 국호는 무변국이니, 모든 중생들이 모두 보살의 육바라밀을 행하여 너나 할 것 없이 다름없는 삼매를 증득하여 얻을 바 없는 데에 이르렀으며, 육만육천 비구와 비구니와 우바새와 우바이들은 총지를 얻어서 불이법문에 들어갔고, 수없는 하늘과 용과 야차와 건달바와 아수라와 가루라와 긴나라와 마후라가와 인비인 등은 법의 눈이 깨끗해짐을 얻어서 보살도를 행하였다.

『선남자야, 어떤 사람이 벼슬하여 도임하는 날에나 새로 집에 들어갈 때에 이 경을 세 번만 읽으면 한없이 대길하여 선신이 보호하며 수명이 늘어 장수하고 복과 덕이 구족하리라.

선남자야, 이 경을 한 번만 읽어도 모든 경을 한 번 읽는 것과 같고 이 경을 한 권만 써도 모든 경을 한 번 쓰는 것과 같아서 그 공덕은 말할 수 없고 한량없음이 허공과 같이 끝 간 데가 없을 것이며 성인의 깨달음의 경지에 이르리라.

또 무변신보살마하살아, 만일 어떤 중생이 정법은 믿지 아니하고 잘못된 소견만 내다가 문득 이 경의 말씀을 듣고 즉시 비방하기를 「부처님 말씀이 아니다」하면, 이 사람은 금생에 문둥병이 들어서 온몸에 나쁜 창질이 생기고 고름이 흐르고 나쁜 냄새가 두루 퍼져서 사람들이 미워하며, 목숨이 마치는 날에는 아비무간지옥에 떨어져 위에서 붙은 불이 아래까지 내려뿜고, 아래에 있는 불은 위로 솟아오르며, 쇠 작살은 온몸을 쑤시며, 구리 녹인 물은 입에 부어

져 뼈와 힘줄이 익어 문드러지며, 하룻낮 하룻밤에 만 번 죽고 만 번 살아서 수없는 고통이 쉴 새 없으리니, 이 경을 비방한 탓으로 이러한 죄를 받느니라.』

부처님께서 죄인들을 위하여 게송으로 말씀하셨다.

이 몸은	자연히 생긴 몸이니,
머리와 사지도	자연히 구비하였고
자라기도	자연히 자라났으며
늙는 것도	자연히 늙어만 지네.
날 때에도	자연히 생겨났으니,
죽을 때에도	자연히 죽게 되리라.
키 크기를 구하여도	안 커지나니
작아지기를 구한다고	작아질건가.
괴로움도 즐거움도	네가 받나니
잘못되고 잘되기도	네게 달렸네.
좋은 공덕 지으려면	이 경을 읽으라.

천년 만년 도통하여 법을 펴리라.

부처님께서 이 경 설하기를 마치시니, 모든 대중들은 일찍이 맛보지 못한 기쁨을 얻어 마음이 열리고 뜻이 깨끗해져서, 즐겁게 뛰면서 모든 모양이 참모양 아닌 것을 보고 부처님의 경지에 들어가 부처님의 경지를 깨달았으나, 들어간 것도 없고 깨달은 것도 없으며, 아는 바도 없고 보는 바도 없어서, 한 가지 법도 얻음이 없는 열반의 즐거움에 이르렀다.

천지팔양신주경

이렇게 들었다.

어느 때에 부처님이 비야달마성 고요한 곳에 계실 적에 시방에서 따라다니는 사부대중이 부처님을 모시고 둘러앉았다.

이때에 무애보살이 대중 가운데 있다가 자리에서 일어나 합장하고 부처님을 향하여 여쭈었다.

『세존이시여, 이 남섬부주 중생들이 번갈아 서로 낳기를 끝없는 옛적부터 지금에 이르기까지 끊어지지 아니하며, 유식한 이는 적고 무식한 이가 많으며, 염불하는 이는 적고 잡신에게 구하는 이가 많으며, 계

행을 지니는 이는 적고 계행을 파하는 이
가 많으며, 정진하는 이는 적고 게으른 이
가 많으며, 지혜 있는 이는 적고 어리석은
이가 많으며, 장수하는 이는 적고 단명하
는 이가 많으며, 선정 닦는 이는 적고 마
음이 산란한 이가 많으며, 부귀한 이는 적
고 빈천한 이가 많으며, 유순한 이는 적고
거친 이가 많으며, 흥성하는 이는 적고 고
독한 이가 많으며, 정직한 이는 적고 아첨
하는 이가 많으며, 청정한 이는 적고 탐내
는 이가 많으며, 보시하는 이가 적고 인색
한 이는 많으며, 진실한 이는 적고 허황한
이가 많으며, 세속은 천박하고 관리들은
혹독하며 부역과 구실은 잡다하여 백성들
은 궁한 연고로 구하는 바를 얻기 어렵고,
삿되고 전도된 견해를 믿어 이러한 고통을
받는 듯하오니, 바라옵건대 세존께서는 이

소견이 잘못된 중생들을 위하여 올바른 법
문을 말씀하시어 잘못된 것을 깨닫고 온갖
고통을 면하게 하소서.』

부처님이 말씀하셨다.

『훌륭하고 훌륭하다. 무애보살아, 네가 자
비한 마음으로 소견이 잘못된 중생들을 위
하여 부사의한 여래의 올바른 법을 물으니
자세히 듣고 잘 생각하라.

내가 너를 위하여 천지팔양경을 분별하여
말하리라. 이 경은 과거세 부처님들께서도
말씀하시었고, 미래세 부처님들께서도 말
씀하실 것이요, 현세 모든 부처님들도 말
씀하시느니라.

이 하늘과 땅 사이에는 사람이 가장 수승
하여 만물 가운데 가장 귀한 것이니, 사람
이란 것은 바른 것이며 참된 것이란 뜻이
니 마음으로는 허망함이 없고 몸으로는 바

르고 참된 일을 행하여야 하느니라. 왼쪽

으로 삐친 획은 바르다는 뜻이요, 오른쪽

으로 삐친 획은 참되다는 뜻이니 항상 바

르고 참된 일만 행하므로 사람이라 하였느

니라. 이러함으로 사람은 능히 도를 넓히

고, 도는 몸을 윤택케 하는 줄을 알지니,

도를 의지하고 사람을 의지하면 모두 성인

의 도를 이루느니라.

다시 말하니 무애보살아, 여러 중생이 사

람이 되었건만 복을 닦지 못하여 참된 것

을 등지고 거짓된 것을 향하여 여러 가지

나쁜 업을 지었으므로 목숨을 마치려 할

적에 고생바다에 빠져서 여러 가지 죄보를

받게 되나니, 만일 이 경 말씀을 듣고 믿

는 마음을 거스르지 아니하면 모든 죄업을

해탈하고 고생바다에서 벗어나 선신의 가

호를 입어 모든 장애가 없어지고 수명이

늘어 오래 살고 횡액과 일찍 죽는 일이 없

을 것이니, 믿는 힘으로도 이러한 복을 받

게 되거늘 하물며 어떤 사람이 이 경을 쓰

거나 받아 지니거나 읽거나 외우거나 법답

게 닦아 행하면 그 공덕은 헤아릴 수 없고

끝이 없어서 목숨을 마친 뒤에는 모두 부

처를 이루게 되느니라.』

부처님이 무애보살마하살에게 이르셨다.

『만일 어떤 중생이 삿된 도를 믿고 소견이

잘못되면 곧 사마와 외도와 도깨비와 나쁜

새의 울음과 온갖 괴물과 나쁜 귀신들이 번

갈아 와서 시끄럽게 할 것이며, 나쁜 질병

이나 모진 염병이나 여러 가지 나쁜 횡액과

병을 주어서 지독한 고통을 쉴 새 없이 받

게 될 것이나 만약 선지식을 만나 이 경을

세 번만 읽어주면 이러한 나쁜 귀신들이 모

두 소멸되고 병이 나을 것이며, 몸이 건강

하고 기운이 충실하리니, 이 경을 읽은 공

덕으로 이러한 복을 받게 되느니라.

만일 어떤 중생이 음욕과 성냄과 어리석은

생각과 간탐하고 시기하는 마음이 많더라

도 만일 이 경을 보고 믿고 공경하고 공양

하여 세 번만 읽으면 어리석고 나쁜 버릇

이 모두 소멸되고 자비하고 기쁜 불법의

복을 얻게 되느니라.

또 무애보살아, 어느 선남자 선여인이 어

떤 역사를 하려 할 때에 먼저 이 경을 세

번만 읽으면 담을 쌓거나 터를 다지거나

집을 짓거나 안채, 바깥채나 동서 행랑이

나 부엌과 객실을 중수하거나 문을 내고

샘을 파고 아궁이를 고치고 방아를 놓고

창고를 짓고 가축들의 우리를 세우더라도

일유신과 월살귀와 장군태세와 황번표미

와 오방지신과 청룡백호, 주작현무와 육갑

금휘와 십이제신과 토위와 복룡과 온갖 허깨비 도깨비들이 모두 숨거나 타방으로 물러가며 형상과 그림자까지 소멸되고 해롭게 하지 못할 것이며 매사가 대길하여 한량없는 복을 받으리라.

선남자야, 역사를 일으킨 뒤에 집안이 태평하고 가옥이 견고하며 부귀영화를 구하지 아니하여도 저절로 이루어지며, 혹 먼 길을 가거나 군대에 들어가거나 벼슬을 구하거나 장사를 하려 하여도 매우 편리하게 되며, 가문이 흥왕하여 사람이 귀히 되며, 백자천손에 아비는 사랑하고 아들은 효도하며, 남자는 충성하고 여자는 정결하며, 형은 우애하고 아우는 공손하며, 부부가 화목하고 친척 간에 신의가 있어 소원을 성취하게 될 것이며, 만일 어떤 중생이 옥중에 감금되거나 도적에게 붙들렸더라도

이 경을 세 번만 읽으면 즉시 벗어나게 되느니라.

어느 선남자나 선여인이 천지팔양경을 받아지니거나 외우거나 남을 위하여 쓰거나 하면 불에 들어가도 타지 아니하고, 물에 빠져도 떠내려가지 아니하며, 험한 숲 속에 가더라도 범과 이리가 자취를 감추고 할퀴거나 물지 못하며 선신이 보호하며 무상도를 이루게 되느니라.

또 어떤 사람이 거짓말과 꾸며대는 말과 욕설과 이간질하는 말을 많이 하였더라도 이 경을 받아 지니거나 외우거나 하면 네 가지 허물이 없어지고 네 가지 무애변재를 얻어서 불도를 성취할 것이니라.

또 선남자나 선여인의 부모가 죄를 짓고 죽은 후에 지옥에 떨어져서 무한한 고통을 받게 되었을지라도, 그 아들이 이 경을 일곱

번만 읽으면 그 부모가 지옥에서 벗어나 천
상에 날 것이며 부처님 법문을 듣고 무생법
인을 깨달아 불도를 이루게 되느니라.』
부처님이 무애보살에게 이르셨다.
『비바시 부처님 때에 우바새 우바이가 삿
된 교를 믿지 않고 불법을 존중하며 이 경
을 써서 배우고 읽고 외우며 할 일을 모두
하되 한 번도 의심하지 아니하며 올바르게
믿는 까닭으로 보시를 널리 행하고 평등하
게 공양하다가 번뇌 없는 몸을 얻어 보리
도를 이루었으니 명호는 보광여래 응정등
각이요, 겁명은 대만겁이며 세계 이름은
무변국토라. 그 세계 중생들이 다만 보살
도를 행하였을 뿐이요, 법을 얻었다는 것
은 없었느니라.
또 무애보살아, 이 천지팔양경이 남섬부주
에 유행하면 가는 곳마다 여덟 보살과 여

러 범천왕과 온갖 밝은 신령들이 이 경을 둘러싸고 호위하며 향과 꽃으로 공양하기를 부처님과 같이 하리라.』

부처님이 무애보살마하살에게 말씀하셨다. 『만일 선남자나 선여인이 중생들을 위하여 이 경을 강설하여 실상을 잘 알고 깊은 이치를 얻으면 이 몸이 곧 부처님의 몸이요, 이 마음이 곧 법의 마음임을 알 것이니라. 그리하여 능히 아는 것이 곧 지혜인지라, 눈으로는 항상 여러 가지 모든 물질을 보건대 물질이 곧 공이요, 공이 곧 물질이며, 감각과 지각과 의지와 인식도 또한 공이어서 이것이 묘색신여래이며, 귀로는 항상 여러 가지 끝없는 소리를 듣건대 소리가 곧 공이요, 공이 곧 소리여서 이것이 묘음성여래이며, 코로는 항상 여러 가지 끝없는 냄새를 맡건대 냄새가 곧 공이요,

공이 곧 냄새여서 이것이 향적여래이며,

혀로는 항상 여러 가지 끝없는 맛을 알진

대 맛이 곧 공이요, 공이 곧 맛이어서 이

것이 법희여래이며, 몸으로는 항상 여러

가지 끝없는 촉감을 느끼건대 촉감이 곧

공이요, 공이 곧 촉이어서 이것이 지승여

래며, 뜻으로는 항상 여러 가지 끝없는 법

을 생각하며 분별하거든 법이 곧 공이요,

공이 곧 법이어서 이것이 법명여래이니라.

선남자야, 이 육근이 나타나되 사람들이

항상 입으로 선한 말을 하여 선법이 항상

행하여지면 성인의 도를 이루는 것이요,

나쁜 말을 하여 악법이 항상 행하여지면

지옥에 떨어지느니라.

선남자야, 선악의 이치를 꼭 믿어야 하느

니라.

선남자야, 사람의 몸과 마음이 불법을 담

을 그릇이며 또한 십이부의 가장 큰 경전

이건만 끝없는 옛적부터 지금까지 모두 읽

지 못하였으며 터럭만치도 건드리지 못하

였나니 이 여래장경은 마음을 알고 성품을

본 사람만이 아는 것이요, 성문이나 범부

들은 알지 못하느니라.

선남자야, 이 경을 읽고 외워서 깊이 진리

를 깨달으면 이 몸과 마음이 곧 불법을 담

는 그릇인 줄을 알거니와 만일 술 취한 듯

깨지 못하면 자기의 마음이 불법의 근본임

을 알지 못하고 여러 갈래로 헤매며 나쁜

길에 떨어져서 영원히 고통바다에 빠지고

불법이란 이름조차 듣지 못하리라.』

그때에 오백 천인들의 대중 가운데서 부처

님의 말씀을 듣고 지혜의 눈이 밝아짐을

얻고는 크게 즐거워서 즉시 위없는 깨달음

의 마음을 내었느니라.

무애보살이 다시 부처님께 여쭈었다.

『세존이시여, 사람이 이 세상에 있어서 나고 죽는 것이 가장 소중하지마는 날 때에도 택일하지 못하고 때가 되면 나는 것이요, 죽을 때에도 택일하지 못하고 때가 되면 죽는다고 할지라도 시신을 안치하거나 장사지낼 때에는 좋은 날을 택하여 시신을 안치하고 장사하건만 그러한 뒤에 도리어 해가 되어 빈궁해지는 이가 많고 가문이 멸망하는 일까지 적지 아니합니다.

원컨대 세존이시여, 소견이 잘못되고 무지한 중생들을 위하여 그 인연을 말씀하사 올바른 소견을 가지고 뒤바뀐 소견을 덜게 하여 주시옵소서.』

부처님이 말씀하셨다.

『훌륭하고 훌륭하다. 선남자야, 네가 능히 중생들의 나고 죽는 일과 시신을 안치하거

나 장사 지내는 법을 물으니 자세히 들으라.

너를 위하여 슬기로운 이치와 대도의 법을 말하리라.

대개 천지는 넓고 깨끗하며 해와 달은 항상 밝은지라, 어느 시간이나 어느 해나 좋고 아름다워 조금도 다름이 없느니라.

선남자야, 인왕보살이 크게 자비하여 중생을 불쌍히 여기기를 어린아이같이 하는 탓으로 사람들의 임금이 되고 백성의 부모가 되었을 때 세속 사람을 수순하여 세속법을 가르치되 책력을 만들어 천하에 반포하여 절후를 알게 하였거늘 만(滿), 평(平), 성(成), 수(收), 개(開), 제(除), 집(執), 위(危), 파(破), 살(殺)이란 글자가 있는 까닭으로 어리석은 사람들은 글자대로만 믿으면 흉한 일과 재앙을 면하리라 하고, 삿된 교를 섬기는 사람들은 이것을 부연하여

이리하면 옳고 저리하면 그르다 하여 부질
없이 삿된 신에게 구하며 아귀에게 절하다
가 도리어 재앙을 만나고 고통을 받나니,
이런 사람들은 천시에 배반되고 지리에 어
긋나며, 해와 달의 밝은 빛을 등지고 항상
어두운 데로 가는 것이며, 정도의 넓은 길
을 버리고 항상 잘못된 길을 찾는 것이니,
뒤바뀐 소견이 심한 까닭이니라.

선남자야, 해산하려 할 때에 이 경을 세
번만 읽으면 아이를 순산하여 크게 길할
것이며, 총명하고 지혜 있고 복덕이 구족
하여 요절하는 일이 없을 것이요, 죽으려
할 때에 이 경을 세 번만 읽으면 조금도
방해가 없고 한량없는 복을 얻으리라.

선남자야, 날마다 좋은 날이요, 달마다 좋
은 달이요, 해마다 좋은 해라 진실로 막힐
것이 없나니, 준비만 되면 어느 때든지 시

신을 안치하거나 장사 지내되, 장사하는 날에 이 경을 일곱 번만 읽으면 크게 길하고 이로워서 한량없는 복을 받을 것이며, 가문이 번영하고 사람이 귀히 되며 수명이 늘어 장수하고 목숨을 마치는 날에는 성인의 도를 이루리라.

선남자야, 시신을 안치하고 장사할 곳은 동서남북을 물을 것 없고 편안한 자리를 구할지니 사람이 좋아하는 곳이면 귀신도 좋아하느니라. 이 경을 세 번 읽고 역사를 시작하여 묘를 쓰고 묘전을 마련하면 재앙은 영원히 없어지고 집은 부유해지고 사람이 번성하여 크게 길하리라.』

그때에 세존께서 이러한 뜻을 거듭 말씀하사. 게송으로 말씀하셨다.

삶을 영위할 때

좋은 날이요,

장사하는 그날마저

길한 때이니

날 때에나 죽을 때에

이 경을 읽으면

크게 길하고

크게 이익됨을 얻으리라.

달마다 좋은 달이요,

해마다 좋은 해로다.

이 경을 읽고 장사지내면,

천추만대 영화롭고

창성하리라.

그때에 대중 가운데 칠만칠천 사람이 부처님의 말씀을 듣고 마음이 열리고 뜻이 트이어, 삿된 도를 버리고 정도로 돌아와서 불법을 얻어 지녀 의심을 영원히 끊어버리고, 모든 대중이 최상의 성스러운 깨달음의 마음을 내었다.

무애보살이 다시 부처님께 여쭈었다.

『세존이시여, 범부들이 혼인을 하려 할 때에 먼저 서로 맞는가를 물어보고, 다음에 길한 날을 택하여서 혼례를 행하지만 혼인한 뒤에 부귀하여 해로하는 이는 적고, 빈궁하게 살다 헤어지고 죽어 이별하는 이가 많으니, 똑같이 삿된 말을 믿는 것이거늘 어찌하여 이러한 차별이 있나이까.

원컨대 세존께서 여러 사람의 의심을 풀어 주소서.』

부처님께서 말씀하셨다.

『선남자야, 자세히 들으라. 너를 위하여 말하리라.

무릇 하늘은 양이요 땅은 음이며, 달은 음이요 해는 양이며, 물은 음이요 불은 양이며, 남자는 양이요 여자는 음이니, 하늘과 땅의 기운이 합하여 온갖 초목이 나는 것

이요, 해와 달이 서로 움직여 사계절과 팔절기가 분명하게 생기는 것이요, 물과 불이 서로 보좌하여 온갖 만물이 성숙하는 것이요, 남녀가 화합하여 자손이 번성하는 것이 모든 세상의 당연한 도리요 자연의 이치이며 세속의 법이니라.

선남자야, 어리석은 사람은 지견이 없어 삿된 도리를 따르는 사람을 믿어 점치고 굿을 하여 길하기를 바라며, 선업을 닦지 않고 여러 가지 악업만 짓다가 죽은 뒤에는 다시 사람으로 태어나는 이는 손톱 위의 흙과 같이 적고, 지옥에 떨어져 아귀가 되거나 축생으로 태어나는 이가 땅덩이의 흙과 같이 많으니라. 선남자야, 사람으로 태어난 이들도 바른 일을 믿고 선업을 닦는 이는 손톱 위의 흙만큼이나 적고, 나쁜 도를 믿고 악업을 짓는 이는 땅덩이의 흙

과 같이 많으니라.

선남자야, 혼인을 맺으려 할 때는 물과 불이 상극이 된다거나 포와 태가 서로 눌린다거나 나이가 맞지 않거나를 묻지 말고 다만 녹명서를 보면 복덕이 많고 적음을 알 수 있는 것이니, 그로써 권속을 삼고 결혼하는 날에 이 경을 세 번 읽고 혼례를 올리면 좋은 일이 항상 계속되고 빛난 광명이 서로 모여 가문은 높아지고 사람은 귀히 되고 자손이 창성하되, 총명하고 지혜롭고 재주 있고 솜씨 좋고 효도하고 공경함이 대대로 계승되어 크게 길할 것이요, 요절하는 일이 없고 복덕이 구족하여 불도를 이루리라.』

그때에 여덟 보살이 부처님의 위신력을 이어서 총지를 얻고도 항상 인간 세상에 머무르며 밝은 광명을 두리우고, 티끌세상과 합

께하면서 삿된 도를 깨뜨리고 정도를 세우

며 사생을 제도하고 항상 해탈에 있으면서

도 남들과 달리하지 아니하니 그 이름은,

발타라보살누진화 나린갈보살누진화

교목도보살누진화 나라달보살누진화

수미심보살누진화 인저달보살누진화

화륜조보살누진화 무연관보살누진화였다.

이 여덟 보살이 함께 부처님께 말씀하시길,

『세존이시여, 저희들이 여러 부처님 처소에

서 받은 다라니 주문을 지금 설하여서 천지

팔양경을 받아 지니고 읽고 외우는 이를 보

호하여 영원히 두려울 것이 없게 하오며,

또 온갖 악한 것들로 하여금 이 경 읽는 법

사를 침노하지 못하게 하겠나이다.』

하고 부처님 앞에서 주문을 외웠다.

『아거니 이거니 아비라 만례 만다례』

『세존이시여, 만일 어떤 악한 이가 이 법사

에게 와서 시끄럽게 하려 하면 나의 이 주문을 듣고는 머리가 아리나무 가지같이 일곱 쪽으로 쪼개지는 고통이 되게 하겠나이다.』

그때에 무변신보살이 자리에서 일어나 앞으로 나가 부처님께 말씀하시길,

『세존이시여, 어찌하여 천지팔양경이라 하나이까. 세존이시여, 그 뜻을 말씀하사 이 대중들로 하여금 그 뜻을 깨달아 빨리 마음의 근본을 통달하고 부처님의 지견에 들어가 의심을 끊게 하여 주소서.』

부처님이 말씀하셨다.

『훌륭하고 훌륭하다. 선남자야, 너는 자세히 들어라. 내가 너를 위하여 이제 천지팔양경의 뜻을 분별하여 말하리라.

천(天)은 양이요, 지(地)는 음이요, 팔(八)은 분별이요, 양(陽)은 분명히 안다는 뜻이니, 대승의 하염없는 이치를 분명히

알아서 팔식 인연이 공하여 얻을 것이 없음을 잘 분별하는 것이니라. 또한 팔식은 세로 줄이 되고, 양의 글자는 가로 줄이 되어 세로 줄과 가로 줄에 뜻이 서로 어울려 경전을 이룬 까닭에 팔양경이라 하느니라. 팔은 팔식이니, 안, 이, 비, 설, 신, 의 여섯 근으로 된 육식과 함장식과 아뢰야식을 더하여 팔식이라 하거늘, 팔식의 근원을 분명하게 분별하면 아무것도 없이 공한 것이니라. 그러므로 알아라.

두 눈은 광명천이니 광명천 가운데에는 일월광명 세존을 나타내고, 두 귀는 성문천이니 성문천 가운데에는 무량성여래를 나타내고, 두 코는 불향천이니 불향천 가운데에는 향적여래를 나타내고, 입에 혀는 법미천이니 법미천 가운데에는 법희여래를 나타내고, 몸은 노사나천이니 노사나천

가운데에는 성취노사나불과 노사나경상불과 노사나광명불을 나타내고, 뜻은 무분별천이니 무분별천 가운데에는 부동여래대광명불을 나타내고, 마음은 법계천이니 법계천 가운데에는 공왕여래를 나타내며, 함장식천에는 아나함경과 대반열반경을 나타내고, 아뢰야식천에는 대지도론경과 유가론경을 연출하느니라.

선남자야, 부처님이 곧 법이요, 법이 곧 부처님이니 합하여 한 모양이 되어 대통지승여래를 나타내느니라.』

부처님께서 이 경을 말씀하실 때에 대지가 여섯 가지로 진동하며, 광명이 하늘과 땅에 비추어 끝간 데가 없이 두루 가득하여 이름할 수 없었으며 온갖 어둡던 곳이 모두 명랑하여지고 모든 지옥이 한꺼번에 소멸하여 여러 죄인들이 모두 고통을 여의었다.

그때에 대중 가운데 있던 팔만팔천 보살이 일시에 성불하였으니, 이름이 공왕여래 응정등각이시고 겁명은 이구겁이요, 국호는 무변국이니, 모든 중생들이 모두 보살의 육바라밀을 행하여 너나 할 것 없이 다름없는 삼매를 증득하여 얻을 바 없는 데에 이르렀으며, 육만육천 비구와 비구니와 우바새와 우바이들은 총지를 얻어서 불이법문에 들어갔고, 수없는 하늘과 용과 야차와 건달바와 아수라와 가루라와 긴나라와 마후라가와 인비인 등은 법의 눈이 깨끗해짐을 얻어서 보살도를 행하였다.

『선남자야, 어떤 사람이 벼슬하여 도임하는 날에나 새로 집에 들어갈 때에 이 경을 세 번만 읽으면 한없이 대길하여 선신이 보호하며 수명이 늘어 장수하고 복과 덕이 구족하리라.

선남자야, 이 경을 한 번만 읽어도 모든

경을 한 번 읽는 것과 같고 이 경을 한 권

만 써도 모든 경을 한 번 쓰는 것과 같아

서 그 공덕은 말할 수 없고 한량없음이 허

공과 같이 끝 간 데가 없을 것이며 성인의

깨달음의 경지에 이르리라.

또 무변신보살마하살아, 만일 어떤 중생이

정법은 믿지 아니하고 잘못된 소견만 내다

가 문득 이 경의 말씀을 듣고 즉시 비방하

기를 「부처님 말씀이 아니다」하면, 이 사

람은 금생에 문둥병이 들어서 온몸에 나쁜

창질이 생기고 고름이 흐르고 나쁜 냄새가

두루 퍼져서 사람들이 미워하며, 목숨이

마치는 날에는 아비무간지옥에 떨어져 위

에서 붙은 불이 아래까지 내려뻗고, 아래

에 있는 불은 위로 솟아오르며, 쇠 작살은

온몸을 쑤시며, 구리 녹인 물은 입에 부어

져 뼈와 힘줄이 익어 문드러지며, 하룻낮

하룻밤에 만 번 죽고 만 번 살아서 수없는

고통이 쉴 새 없으리니, 이 경을 비방한

탓으로 이러한 죄를 받느니라.』

부처님께서 죄인들을 위하여 게송으로 말

씀하셨다.

이 몸은	자연히 생긴 몸이니,
머리와 사지도	자연히 구비하였고
자라기도	자연히 자라났으며
늙는 것도	자연히 늙어만 지네.
날 때에도	자연히 생겨났으니,
죽을 때에도	자연히 죽게 되리라.
키 크기를 구하여도	안 커지나니
작아지기를 구한다고	작아질건가.
괴로움도 즐거움도	네가 받나니
잘못되고 잘되기도	네게 달렸네.
좋은 공덕 지으려면	이 경을 읽으라.

천년 만년 도통하여 법을 펴리라.

부처님께서 이 경 설하기를 마치시니, 모든 대중들은 일찍이 맛보지 못한 기쁨을 얻어 마음이 열리고 뜻이 깨끗해져서, 즐겁게 뛰면서 모든 모양이 참모양 아닌 것을 보고 부처님의 경지에 들어가 부처님의 경지를 깨달았으나, 들어간 것도 없고 깨달은 것도 없으며, 아는 바도 없고 보는 바도 없어서, 한 가지 법도 얻음이 없는 열반의 즐거움에 이르렀다.

천지팔양신주경

이렇게 들었다.

어느 때에 부처님이 비야달마성 고요한 곳에 계실 적에 시방에서 따라다니는 사부대중이 부처님을 모시고 둘러앉았다.

이때에 무애보살이 대중 가운데 있다가 자리에서 일어나 합장하고 부처님을 향하여 여쭈었다.

『세존이시여, 이 남섬부주 중생들이 번갈아 서로 낳기를 끝없는 옛적부터 지금에 이르기까지 끊어지지 아니하며, 유식한 이는 적고 무식한 이가 많으며, 염불하는 이는 적고 잡신에게 구하는 이가 많으며, 계

행을 지니는 이는 적고 계행을 파하는 이가 많으며, 정진하는 이는 적고 게으른 이가 많으며, 지혜 있는 이는 적고 어리석은 이가 많으며, 장수하는 이는 적고 단명하는 이가 많으며, 선정 닦는 이는 적고 마음이 산란한 이가 많으며, 부귀한 이는 적고 빈천한 이가 많으며, 유순한 이는 적고 거친 이가 많으며, 흥성하는 이는 적고 고독한 이가 많으며, 정직한 이는 적고 아첨하는 이가 많으며, 청정한 이는 적고 탐내는 이가 많으며, 보시하는 이가 적고 인색한 이는 많으며, 진실한 이는 적고 허황한 이가 많으며, 세속은 천박하고 관리들은 혹독하며 부역과 구실은 잡다하여 백성들은 궁한 연고로 구하는 바를 얻기 어렵고, 삿되고 전도된 견해를 믿어 이러한 고통을 받는 듯하오니, 바라옵건대 세존께서는 이

소견이 잘못된 중생들을 위하여 올바른 법

문을 말씀하시어 잘못된 것을 깨닫고 온갖

고통을 면하게 하소서.』

부처님이 말씀하셨다.

『훌륭하고 훌륭하다. 무애보살아, 네가 자

비한 마음으로 소견이 잘못된 중생들을 위

하여 부사의한 여래의 올바른 법을 물으니

자세히 듣고 잘 생각하라.

내가 너를 위하여 천지팔양경을 분별하여

말하리라. 이 경은 과거세 부처님들께서도

말씀하시었고, 미래세 부처님들께서도 말

씀하실 것이요, 현세 모든 부처님들도 말

씀하시느니라.

이 하늘과 땅 사이에는 사람이 가장 수승

하여 만물 가운데 가장 귀한 것이니, 사람

이란 것은 바른 것이며 참된 것이란 뜻이

니 마음으로는 허망함이 없고 몸으로는 바

르고 참된 일을 행하여야 하느니라. 왼쪽

으로 삐친 획은 바르다는 뜻이요, 오른쪽

으로 삐친 획은 참되다는 뜻이니 항상 바

르고 참된 일만 행하므로 사람이라 하였느

니라. 이러함으로 사람은 능히 도를 넓히

고, 도는 몸을 윤택케 하는 줄을 알지니,

도를 의지하고 사람을 의지하면 모두 성인

의 도를 이루느니라.

다시 말하니 무애보살아, 여러 중생이 사

람이 되었건만 복을 닦지 못하여 참된 것

을 등지고 거짓된 것을 향하여 여러 가지

나쁜 업을 지었으므로 목숨을 마치려 할

적에 고생바다에 빠져서 여러 가지 죄보를

받게 되나니, 만일 이 경 말씀을 듣고 믿

는 마음을 거스르지 아니하면 모든 죄업을

해탈하고 고생바다에서 벗어나 선신의 가

호를 입어 모든 장애가 없어지고 수명이

늘어 오래 살고 횡액과 일찍 죽는 일이 없을 것이니, 믿는 힘으로도 이러한 복을 받게 되거늘 하물며 어떤 사람이 이 경을 쓰거나 받아 지니거나 읽거나 외우거나 법답게 닦아 행하면 그 공덕은 헤아릴 수 없고 끝이 없어서 목숨을 마친 뒤에는 모두 부처를 이루게 되느니라.』

부처님이 무애보살마하살에게 이르셨다.

『만일 어떤 중생이 삿된 도를 믿고 소견이 잘못되면 곧 사마와 외도와 도깨비와 나쁜 새의 울음과 온갖 괴물과 나쁜 귀신들이 번갈아 와서 시끄럽게 할 것이며, 나쁜 질병이나 모진 염병이나 여러 가지 나쁜 횡액과 병을 주어서 지독한 고통을 쉴 새 없이 받게 될 것이나 만약 선지식을 만나 이 경을 세 번만 읽어주면 이러한 나쁜 귀신들이 모두 소멸되고 병이 나을 것이며, 몸이 건강

하고 기운이 충실하리니, 이 경을 읽은 공덕으로 이러한 복을 받게 되느니라.

만일 어떤 중생이 음욕과 성냄과 어리석은 생각과 간탐하고 시기하는 마음이 많더라도 만일 이 경을 보고 믿고 공경하고 공양하여 세 번만 읽으면 어리석고 나쁜 버릇이 모두 소멸되고 자비하고 기쁜 불법의 복을 얻게 되느니라.

또 무애보살아, 어느 선남자 선여인이 어떤 역사를 하려 할 때에 먼저 이 경을 세 번만 읽으면 담을 쌓거나 터를 다지거나 집을 짓거나 안채, 바깥채나 동서 행랑이나 부엌과 객실을 중수하거나 문을 내고 샘을 파고 아궁이를 고치고 방아를 놓고 창고를 짓고 가축들의 우리를 세우더라도 일유신과 월살귀와 장군태세와 황번표미와 오방지신과 청룡백호, 주작현무와 육갑

금휘와 십이제신과 토위와 복룡과 온갖 허깨비 도깨비들이 모두 숨거나 타방으로 물러가며 형상과 그림자까지 소멸되고 해롭게 하지 못할 것이며 매사가 대길하여 한량없는 복을 받으리라.

선남자야, 역사를 일으킨 뒤에 집안이 태평하고 가옥이 견고하며 부귀영화를 구하지 아니하여도 저절로 이루어지며, 혹 먼길을 가거나 군대에 들어가거나 벼슬을 구하거나 장사를 하려 하여도 매우 편리하게 되며, 가문이 흥왕하여 사람이 귀히 되며, 백자천손에 아비는 사랑하고 아들은 효도하며, 남자는 충성하고 여자는 정결하며, 형은 우애하고 아우는 공손하며, 부부가 화목하고 친척 간에 신의가 있어 소원을 성취하게 될 것이며, 만일 어떤 중생이 옥중에 감금되거나 도적에게 붙들렸더라도

이 경을 세 번만 읽으면 즉시 벗어나게 되느니라.

어느 선남자나 선여인이 천지팔양경을 받아지니거나 외우거나 남을 위하여 쓰거나 하면 불에 들어가도 타지 아니하고, 물에 빠져도 떠내려가지 아니하며, 험한 숲 속에 가더라도 범과 이리가 자취를 감추고 할퀴거나 물지 못하며 선신이 보호하며 무상도를 이루게 되느니라.

또 어떤 사람이 거짓말과 꾸며대는 말과 욕설과 이간질하는 말을 많이 하였더라도 이 경을 받아 지니거나 외우거나 하면 네 가지 허물이 없어지고 네 가지 무애변재를 얻어서 불도를 성취할 것이니라.

또 선남자나 선여인의 부모가 죄를 짓고 죽은 후에 지옥에 떨어져서 무한한 고통을 받게 되었을지라도, 그 아들이 이 경을 일곱

번만 읽으면 그 부모가 지옥에서 벗어나 천

상에 날 것이며 부처님 법문을 듣고 무생법

인을 깨달아 불도를 이루게 되느니라.』

부처님이 무애보살에게 이르셨다.

『비바시 부처님 때에 우바새 우바이가 삿

된 교를 믿지 않고 불법을 존중하며 이 경

을 써서 배우고 읽고 외우며 할 일을 모두

하되 한 번도 의심하지 아니하며 올바르게

믿는 까닭으로 보시를 널리 행하고 평등하

게 공양하다가 번뇌 없는 몸을 얻어 보리

도를 이루었으니 명호는 보광여래 응정등

각이요, 겁명은 대만겁이며 세계 이름은

무변국토라. 그 세계 중생들이 다만 보살

도를 행하였을 뿐이요, 법을 얻었다는 것

은 없었느니라.

또 무애보살아, 이 천지팔양경이 남섬부주

에 유행하면 가는 곳마다 여덟 보살과 여

러 법천왕과 온갖 밝은 신령들이 이 경을 들러싸고 호위하며 향과 꽃으로 공양하기를 부처님과 같이 하리라.』

부처님이 무애보살마하살에게 말씀하셨다. 『만일 선남자나 선여인이 중생들을 위하여 이 경을 강설하여 실상을 잘 알고 깊은 이치를 얻으면 이 몸이 곧 부처님의 몸이요, 이 마음이 곧 법의 마음임을 알 것이니라. 그리하여 능히 아는 것이 곧 지혜인지라, 눈으로는 항상 여러 가지 모든 물질을 보건대 물질이 곧 공이요, 공이 곧 물질이며, 감각과 지각과 의지와 인식도 또한 공이어서 이것이 묘색신여래이며, 귀로는 항상 여러 가지 끝없는 소리를 듣건대 소리가 곧 공이요, 공이 곧 소리여서 이것이 묘음성여래이며, 코로는 항상 여러 가지 끝없는 냄새를 맡건대 냄새가 곧 공이요,

공이 곧 냄새여서 이것이 향적여래이며,
혀로는 항상 여러 가지 끝없는 맛을 알진
대 맛이 곧 공이요, 공이 곧 맛이어서 이
것이 법희여래이며, 몸으로는 항상 여러
가지 끝없는 촉감을 느끼건대 촉감이 곧
공이요, 공이 곧 촉이어서 이것이 지승여
래며, 뜻으로는 항상 여러 가지 끝없는 법
을 생각하며 분별하거든 법이 곧 공이요,
공이 곧 법이어서 이것이 법명여래이니라.
선남자야, 이 육근이 나타나되 사람들이
항상 입으로 선한 말을 하여 선법이 항상
행하여지면 성인의 도를 이루는 것이요,
나쁜 말을 하여 악법이 항상 행하여지면
지옥에 떨어지느니라.
선남자야, 선악의 이치를 꼭 믿어야 하느
니라.
선남자야, 사람의 몸과 마음이 불법을 담

을 그릇이며 또한 십이부의 가장 큰 경전이건만 끝없는 옛적부터 지금까지 모두 읽지 못하였으며 터럭만치도 건드리지 못하였나니 이 여래장경은 마음을 알고 성품을 본 사람만이 아는 것이요, 성문이나 범부들은 알지 못하느니라.

선남자야, 이 경을 읽고 외워서 깊이 진리를 깨달으면 이 몸과 마음이 곧 불법을 담는 그릇인 줄을 알거니와 만일 술 취한 듯 깨지 못하면 자기의 마음이 불법의 근본임을 알지 못하고 여러 갈래로 헤매며 나쁜 길에 떨어져서 영원히 고통바다에 빠지고 불법이란 이름조차 듣지 못하리라.』

그때에 오백 천인들의 대중 가운데서 부처님의 말씀을 듣고 지혜의 눈이 밝아짐을 얻고는 크게 즐거워서 즉시 위없는 깨달음의 마음을 내었느니라.

무애보살이 다시 부처님께 여쭈었다.

『세존이시여, 사람이 이 세상에 있어서 나고 죽는 것이 가장 소중하지마는 날 때에도 택일하지 못하고 때가 되면 나는 것이요, 죽을 때에도 택일하지 못하고 때가 되면 죽는다고 할지라도 시신을 안치하거나 장사지낼 때에는 좋은 날을 택하여 시신을 안치하고 장사하건만 그러한 뒤에 도리어 해가 되어 빈궁해지는 이가 많고 가문이 멸망하는 일까지 적지 아니합니다.

원컨대 세존이시여, 소견이 잘못되고 무지한 중생들을 위하여 그 인연을 말씀하사 올바른 소견을 가지고 뒤바뀐 소견을 덜게 하여 주시옵소서.』

부처님이 말씀하셨다.

『훌륭하고 훌륭하다. 선남자야, 네가 능히 중생들의 나고 죽는 일과 시신을 안치하거

나 장사 지내는 법을 물으니 자세히 들으라.

너를 위하여 슬기로운 이치와 대도의 법을
말하리라.

대개 천지는 넓고 깨끗하며 해와 달은 항
상 밝은지라, 어느 시간이나 어느 해나 좋
고 아름다워 조금도 다름이 없느니라.

선남자야, 인왕보살이 크게 자비하여 중생
을 불쌍히 여기기를 어린아이같이 하는 탓
으로 사람들의 임금이 되고 백성의 부모가
되었을 때 세속 사람을 수순하여 세속법을
가르치되 책력을 만들어 천하에 반포하여
절후를 알게 하였거늘 만(滿), 평(平), 성
(成), 수(收), 개(開), 제(除), 집(執), 위
(危), 파(破), 살(殺)이란 글자가 있는 까
닭으로 어리석은 사람들은 글자대로만 믿
으면 흉한 일과 재앙을 면하리라 하고, 삿
된 교를 섬기는 사람들은 이것을 부연하여

이리하면 옳고 저리하면 그르다 하여 부질

없이 삿된 신에게 구하며 아귀에게 절하다

가 도리어 재앙을 만나고 고통을 받나니,

이런 사람들은 천시에 배반되고 지리에 어

긋나며, 해와 달의 밝은 빛을 등지고 항상

어두운 데로 가는 것이며, 정도의 넓은 길

을 버리고 항상 잘못된 길을 찾는 것이니,

뒤바뀐 소견이 심한 까닭이니라.

선남자야, 해산하려 할 때에 이 경을 세

번만 읽으면 아이를 순산하여 크게 길할

것이며, 총명하고 지혜 있고 복덕이 구족

하여 요절하는 일이 없을 것이요, 죽으려

할 때에 이 경을 세 번만 읽으면 조금도

방해가 없고 한량없는 복을 얻으리라.

선남자야, 날마다 좋은 날이요, 달마다 좋

은 달이요, 해마다 좋은 해라 진실로 막힐

것이 없나니, 준비만 되면 어느 때든지 시

신을 안치하거나 장사 지내되, 장사하는 날에 이 경을 일곱 번만 읽으면 크게 길하고 이로워서 한량없는 복을 받을 것이며, 가문이 번영하고 사람이 귀히 되며 수명이 늘어 장수하고 목숨을 마치는 날에는 성인의 도를 이루리라.

선남자야, 시신을 안치하고 장사할 곳은 동서남북을 물을 것 없고 편안한 자리를 구할지니 사람이 좋아하는 곳이면 귀신도 좋아하느니라. 이 경을 세 번 읽고 역사를 시작하여 묘를 쓰고 묘전을 마련하면 재앙은 영원히 없어지고 집은 부유해지고 사람이 번성하여 크게 길하리라.』

그때에 세존께서 이러한 뜻을 거듭 말씀하사 게송으로 말씀하셨다.

　　　삶을 영위할 때

　　　좋은 날이요,

장사하는 그날마저

길한 때이니

날 때에나 죽을 때에

이 경을 읽으면

크게 길하고

크게 이익됨을 얻으리라.

달마다 좋은 달이요,

해마다 좋은 해로다.

이 경을 읽고 장사지내면,

천추만대 영화롭고

창성하리라.

그때에 대중 가운데 칠만칠천 사람이 부처님의 말씀을 듣고 마음이 열리고 뜻이 트이어, 삿된 도를 버리고 정도로 돌아와서 불법을 얻어 지녀 의심을 영원히 끊어버리고, 모든 대중이 최상의 성스러운 깨달음의 마음을 내었다.

무애보살이 다시 부처님께 여쭈었다.

『세존이시여, 범부들이 혼인을 하려 할 때에 먼저 서로 맞는가를 물어보고, 다음에 길한 날을 택하여서 혼례를 행하지만 혼인한 뒤에 부귀하여 해로하는 이는 적고, 빈궁하게 살다 헤어지고 죽어 이별하는 이가 많으니, 똑같이 삿된 말을 믿는 것이거늘 어찌하여 이러한 차별이 있나이까.

원컨대 세존께서 여러 사람의 의심을 풀어 주소서.』

부처님께서 말씀하셨다.

『선남자야, 자세히 들으라. 너를 위하여 말하리라.

무릇 하늘은 양이요 땅은 음이며, 달은 음이요 해는 양이며, 물은 음이요 불은 양이며, 남자는 양이요 여자는 음이니, 하늘과 땅의 기운이 합하여 온갖 초목이 나는 것

이요, 해와 달이 서로 움직여 사계절과 팔
절기가 분명하게 생기는 것이요, 물과 불
이 서로 보좌하여 온갖 만물이 성숙하는
것이요, 남녀가 화합하여 자손이 번성하는
것이 모든 세상의 당연한 도리요 자연의
이치이며 세속의 법이니라.

선남자야, 어리석은 사람은 지견이 없어
삿된 도리를 따르는 사람을 믿어 점치고
굿을 하여 길하기를 바라며, 선업을 닦지
않고 여러 가지 악업만 짓다가 죽은 뒤에
는 다시 사람으로 태어나는 이는 손톱 위
의 흙과 같이 적고, 지옥에 떨어져 아귀가
되거나 축생으로 태어나는 이가 땅덩이의
흙과 같이 많으니라. 선남자야, 사람으로
태어난 이들도 바른 일을 믿고 선업을 닦
는 이는 손톱 위의 흙만큼이나 적고, 나쁜
도를 믿고 악업을 짓는 이는 땅덩이의 흙

과 같이 많으니라.

선남자야, 혼인을 맺으려 할 때는 물과 불이 상극이 된다거나 포와 태가 서로 늘린다거나 나이가 맞지 않거나를 묻지 말고 다만 녹명서를 보면 복덕이 많고 적음을 알 수 있는 것이니, 그로써 권속을 삼고 결혼하는 날에 이 경을 세 번 읽고 혼례를 올리면 좋은 일이 항상 계속되고 빛난 광명이 서로 모여 가문은 높아지고 사람은 귀히 되고 자손이 창성하되, 총명하고 지혜롭고 재주 있고 솜씨 좋고 효도하고 공경함이 대대로 계승되어 크게 길할 것이요, 요절하는 일이 없고 복덕이 구족하여 불도를 이루리라.』

그때에 여덟 보살이 부처님의 위신력을 이어서 총지를 얻고도 항상 인간 세상에 머무르며 밝은 광명을 두리우고, 티끌세상과 함

께하면서 삿된 도를 깨뜨리고 정도를 세우

며 사생을 제도하고 항상 해탈에 있으면서

도 남들과 달리하지 아니하니 그 이름은,

발타라보살누진화 나린갈보살누진화

교목도보살누진화 나라달보살누진화

수미심보살누진화 인저달보살누진화

화류조보살누진화 무연관보살누진화였다.

이 여덟 보살이 함께 부처님께 말씀하시길,

『세존이시여, 저희들이 여러 부처님 처소에

서 받은 다라니 주문을 지금 설하여서 천지

팔양경을 받아 지니고 읽고 외우는 이를 보

호하여 영원히 두려울 것이 없게 하오며,

또 온갖 악한 것들로 하여금 이 경 읽는 법

사를 침노하지 못하게 하겠나이다.』

하고 부처님 앞에서 주문을 외웠다.

『아거니 이거니 아비라 만례 만다례』

『세존이시여, 만일 어떤 악한 이가 이 법사

에게 와서 시끄럽게 하려 하면 나의 이 주문
을 듣고는 머리가 아리나무 가지같이 일곱
쪽으로 쪼개지는 고통이 되게 하겠나이다.』

그때에 무변신보살이 자리에서 일어나 앞
으로 나가 부처님께 말씀하시길,

『세존이시여, 어찌하여 천지팔양경이라
하나이까. 세존이시여, 그 뜻을 말씀하사
이 대중들로 하여금 그 뜻을 깨달아 빨리
마음의 근본을 통달하고 부처님의 지견에
들어가 의심을 끊게 하여 주소서.』

부처님이 말씀하셨다.

『훌륭하고 훌륭하다. 선남자야, 너는 자세
히 들어라. 내가 너를 위하여 이제 천지팔
양경의 뜻을 분별하여 말하리라.

천(天)은 양이요, 지(地)는 음이요, 팔
(八)은 분별이요, 양(陽)은 분명히 안다는
뜻이니, 대승의 하염없는 이치를 분명히

알아서 팔식 인연이 공하여 얻을 것이 없음을 잘 분별하는 것이니라. 또한 팔식은 세로 줄이 되고, 양의 글자는 가로 줄이 되어 세로 줄과 가로 줄에 뜻이 서로 어울려 경전을 이룬 까닭에 팔양경이라 하느니라. 팔은 팔식이니, 안, 이, 비, 설, 신, 의 여섯 근으로 된 육식과 함장식과 아뢰야식을 더하여 팔식이라 하거늘, 팔식의 근원을 분명하게 분별하면 아무것도 없이 공한 것이니라. 그러므로 알아라.

두 눈은 광명천이니 광명천 가운데에는 일월광명 세존을 나타내고, 두 귀는 성문천이니 성문천 가운데에는 무량성여래를 나타내고, 두 코는 불향천이니 불향천 가운데에는 향적여래를 나타내고, 입에 혀는 법미천이니 법미천 가운데에는 법희여래를 나타내고, 몸은 노사나천이니 노사나천

가운데에는 성취노사나불과 노사나경상불
과 노사나광명불을 나타내고, 뜻은 무분별
천이니 무분별천 가운데에는 부동여래대
광명불을 나타내고, 마음은 법계천이니 법
계천 가운데에는 공왕여래를 나타내며, 함
장식천에는 아나함경과 대반열반경을 나
타내고, 아뢰야식천에는 대지도론경과 유
가론경을 연출하느니라.

선남자야, 부처님이 곧 법이요, 법이 곧
부처님이니 합하여 한 모양이 되어 대통지
승여래를 나타내느니라.』

부처님께서 이 경을 말씀하실 때에 대지가
여섯 가지로 진동하며, 광명이 하늘과 땅에
비추어 끝간 데가 없이 두루 가득하여 이름
할 수 없었으며 온갖 어둡던 곳이 모두 명
랑하여지고 모든 지옥이 한꺼번에 소멸하
여 여러 죄인들이 모두 고통을 여의었다.

그때에 대중 가운데 있던 팔만팔천 보살이 일시에 성불하였으니, 이름이 공왕여래 응정등각이시고 겁명은 이구겁이요, 국호는 무변국이니, 모든 중생들이 모두 보살의 육바라밀을 행하여 너나 할 것 없이 다름 없는 삼매를 증득하여 얻을 바 없는 데에 이르렀으며, 육만육천 비구와 비구니와 우바새와 우바이들은 총지를 얻어서 불이법 문에 들어갔고, 수없는 하늘과 용과 야차와 건달바와 아수라와 가루라와 긴나라와 마후라가와 인비인 등은 법의 눈이 깨끗해짐을 얻어서 보살도를 행하였다.

『선남자야, 어떤 사람이 벼슬하여 도임하는 날에나 새로 집에 들어갈 때에 이 경을 세 번만 읽으면 한없이 대길하여 선신이 보호하며 수명이 늘어 장수하고 복과 덕이 구족하리라.

선남자야, 이 경을 한 번만 읽어도 모든 경을 한 번 읽는 것과 같고 이 경을 한 권만 써도 모든 경을 한 번 쓰는 것과 같아서 그 공덕은 말할 수 없고 한량없음이 허공과 같이 끝 간 데가 없을 것이며 성인의 깨달음의 경지에 이르리라.

또 무변신보살마하살아, 만일 어떤 중생이 정법은 믿지 아니하고 잘못된 소견만 내다가 문득 이 경의 말씀을 듣고 즉시 비방하기를 「부처님 말씀이 아니다」하면, 이 사람은 금생에 문둥병이 들어서 온몸에 나쁜 창질이 생기고 고름이 흐르고 나쁜 냄새가 두루 퍼져서 사람들이 미워하며, 목숨이 마치는 날에는 아비무간지옥에 떨어져 위에서 붙은 불이 아래까지 내려뿜고, 아래에 있는 불은 위로 솟아오르며, 쇠 작살은 온몸을 쑤시며, 구리 녹인 물은 입에 부어

져 뼈와 힘줄이 익어 문드러지며, 하룻낮

하룻밤에 만 번 죽고 만 번 살아서 수없는

고통이 쉴 새 없으리니, 이 경을 비방한

탓으로 이러한 죄를 받느니라.』

부처님께서 죄인들을 위하여 게송으로 말

씀하셨다.

이 몸은   자연히 생긴 몸이니,

머리와 사지도   자연히 구비하였고

자라기도   자연히 자라났으며

늙는 것도   자연히 늙어만 지네.

날 때에도   자연히 생겨났으니,

죽을 때에도   자연히 죽게 되리라.

키 크기를 구하여도 안 커지나니

작아지기를 구한다고 작아질건가.

괴로움도 즐거움도 네가 받나니

잘못되고 잘되기도 네게 달렸네.

좋은 공덕 지으려면 이 경을 읽으라.

천년 만년 도통하여 법을 펴리라.

부처님께서 이 경 설하기를 마치시니, 모

든 대중들은 일찍이 맛보지 못한 기쁨을

얻어 마음이 열리고 뜻이 깨끗해져서, 즐

겁게 뛰면서 모든 모양이 참모양 아닌 것

을 보고 부처님의 경지에 들어가 부처님의

경지를 깨달았으나, 들어간 것도 없고 깨

달은 것도 없으며, 아는 바도 없고 보는

바도 없어서, 한 가지 법도 얻음이 없는

열반의 즐거움에 이르렀다.

천 지 팔 양 신 주 경

이렇게 들었다.

어느 때에 부처님이 비야달마성 고요한 곳

에 계실 적에 시방에서 따라다니는 사부대

중이 부처님을 모시고 둘러앉았다.

이때에 무애보살이 대중 가운데 있다가 자

리에서 일어나 합장하고 부처님을 향하여

여쭈었다.

『세존이시여, 이 남섬부주 중생들이 번갈

아 서로 낳기를 끝없는 옛적부터 지금에

이르기까지 끊어지지 아니하며, 유식한 이

는 적고 무식한 이가 많으며, 염불하는 이

는 적고 잡신에게 구하는 이가 많으며, 계

행을 지니는 이는 적고 계행을 파하는 이
가 많으며, 정진하는 이는 적고 게으른 이
가 많으며, 지혜 있는 이는 적고 어리석은
이가 많으며, 장수하는 이는 적고 단명하
는 이가 많으며, 선정 닦는 이는 적고 마
음이 산란한 이가 많으며, 부귀한 이는 적
고 빈천한 이가 많으며, 유순한 이는 적고
거친 이가 많으며, 흥성하는 이는 적고 고
독한 이가 많으며, 정직한 이는 적고 아첨
하는 이가 많으며, 청정한 이는 적고 탐내
는 이가 많으며, 보시하는 이가 적고 인색
한 이는 많으며, 진실한 이는 적고 허황한
이가 많으며, 세속은 천박하고 관리들은
혹독하며 부역과 구실은 잡다하여 백성들
은 궁한 연고로 구하는 바를 얻기 어렵고,
삿되고 전도된 견해를 믿어 이러한 고통을
받는 듯하오니, 바라옵건대 세존께서는 이

소견이 잘못된 중생들을 위하여 올바른 법

문을 말씀하시어 잘못된 것을 깨닫고 온갖

고통을 면하게 하소서.』

부처님이 말씀하셨다.

『훌륭하고 훌륭하다. 무애보살아, 네가 자

비한 마음으로 소견이 잘못된 중생들을 위

하여 부사의한 여래의 올바른 법을 물으니

자세히 듣고 잘 생각하라.

내가 너를 위하여 천지팔양경을 분별하여

말하리라. 이 경은 과거세 부처님들께서도

말씀하시었고, 미래세 부처님들께서도 말

씀하실 것이요, 현세 모든 부처님들도 말

씀하시느니라.

이 하늘과 땅 사이에는 사람이 가장 수승

하여 만물 가운데 가장 귀한 것이니, 사람

이란 것은 바른 것이며 참된 것이란 뜻이

니 마음으로는 허망함이 없고 몸으로는 바

르고 참된 일을 행하여야 하느니라. 왼쪽
으로 삐친 획은 바르다는 뜻이요, 오른쪽
으로 삐친 획은 참되다는 뜻이니 항상 바
르고 참된 일만 행하므로 사람이라 하였느
니라. 이러함으로 사람은 능히 도를 넓히
고, 도는 몸을 윤택케 하는 줄을 알지니,
도를 의지하고 사람을 의지하면 모두 성인
의 도를 이루느니라.

다시 말하니 무애보살아, 여러 중생이 사
람이 되었건만 복을 닦지 못하여 참된 것
을 등지고 거짓된 것을 향하여 여러 가지
나쁜 업을 지었으므로 목숨을 마치려 할
적에 고생바다에 빠져서 여러 가지 죄보를
받게 되나니, 만일 이 경 말씀을 듣고 믿
는 마음을 거스르지 아니하면 모든 죄업을
해탈하고 고생바다에서 벗어나 선신의 가
호를 입어 모든 장애가 없어지고 수명이

늘어 오래 살고 횡액과 일찍 죽는 일이 없을 것이니, 믿는 힘으로도 이러한 복을 받게 되거늘 하물며 어떤 사람이 이 경을 쓰거나 받아 지니거나 읽거나 외우거나 법답게 닦아 행하면 그 공덕은 헤아릴 수 없고 끝이 없어서 목숨을 마친 뒤에는 모두 부처를 이루게 되느니라.』

부처님이 무애보살마하살에게 이르셨다.

『만일 어떤 중생이 삿된 도를 믿고 소견이 잘못되면 곧 사마와 외도와 도깨비와 나쁜 새의 울음과 온갖 괴물과 나쁜 귀신들이 번갈아 와서 시끄럽게 할 것이며, 나쁜 질병이나 모진 염병이나 여러 가지 나쁜 횡액과 병을 주어서 지독한 고통을 쉴 새 없이 받게 될 것이나 만약 선지식을 만나 이 경을 세 번만 읽어주면 이러한 나쁜 귀신들이 모두 소멸되고 병이 나을 것이며, 몸이 건강

하고 기운이 충실하리니, 이 경을 읽은 공

덕으로 이러한 복을 받게 되느니라.

만일 어떤 중생이 음욕과 성냄과 어리석은

생각과 간탐하고 시기하는 마음이 많더라

도 만일 이 경을 보고 믿고 공경하고 공양

하여 세 번만 읽으면 어리석고 나쁜 버릇

이 모두 소멸되고 자비하고 기쁜 불법의

복을 얻게 되느니라.

또 무애보살아, 어느 선남자 선여인이 어

떤 역사를 하려 할 때에 먼저 이 경을 세

번만 읽으면 담을 쌓거나 터를 다지거나

집을 짓거나 안채, 바깥채나 동서 행랑이

나 부엌과 객실을 중수하거나 문을 내고

샘을 파고 아궁이를 고치고 방아를 놓고

창고를 짓고 가축들의 우리를 세우더라도

일유신과 월살귀와 장군태세와 황번표미

와 오방지신과 청룡백호, 주작현무와 육갑

금휘와 십이제신과 토위와 복룡과 온갖 허깨비 도깨비들이 모두 숨거나 타방으로 물러가며 형상과 그림자까지 소멸되고 해롭게 하지 못할 것이며 매사가 대길하여 한량없는 복을 받으리라.

선남자야, 역사를 일으킨 뒤에 집안이 태평하고 가옥이 견고하며 부귀영화를 구하지 아니하여도 저절로 이루어지며, 혹 먼길을 가거나 군대에 들어가거나 벼슬을 구하거나 장사를 하려 하여도 매우 편리하게 되며, 가문이 흥왕하여 사람이 귀히 되며, 백자천손에 아비는 사랑하고 아들은 효도하며, 남자는 충성하고 여자는 정결하며, 형은 우애하고 아우는 공손하며, 부부가 화목하고 친척 간에 신의가 있어 소원을 성취하게 될 것이며, 만일 어떤 중생이 옥중에 감금되거나 도적에게 불들렸더라도

이 경을 세 번만 읽으면 즉시 벗어나게 되느니라.

어느 선남자나 선여인이 천지팔양경을 받아지니거나 외우거나 남을 위하여 쓰거나 하면 불에 들어가도 타지 아니하고, 물에 빠져도 떠내려가지 아니하며, 험한 숲 속에 가더라도 범과 이리가 자취를 감추고 할퀴거나 물지 못하며 선신이 보호하며 무상도를 이루게 되느니라.

또 어떤 사람이 거짓말과 꾸며대는 말과 욕설과 이간질하는 말을 많이 하였더라도 이 경을 받아 지니거나 외우거나 하면 네 가지 허물이 없어지고 네 가지 무애변재를 얻어서 불도를 성취할 것이니라.

또 선남자나 선여인의 부모가 죄를 짓고 죽은 후에 지옥에 떨어져서 무한한 고통을 받게 되었을지라도, 그 아들이 이 경을 일곱

번만 읽으면 그 부모가 지옥에서 벗어나 천

상에 날 것이며 부처님 법문을 듣고 무생법

인을 깨달아 불도를 이루게 되느니라.』

부처님이 무애보살에게 이르셨다.

『비바시 부처님 때에 우바새 우바이가 삿

된 교를 믿지 않고 불법을 존중하며 이 경

을 써서 배우고 읽고 외우며 할 일을 모두

하되 한 번도 의심하지 아니하며 올바르게

믿는 까닭으로 보시를 널리 행하고 평등하

게 공양하다가 번뇌 없는 몸을 얻어 보리

도를 이루었으니 명호는 보광여래 응정등

각이요, 겁명은 대만겁이며 세계 이름은

무변국토라. 그 세계 중생들이 다만 보살

도를 행하였을 뿐이요, 법을 얻었다는 것

은 없었느니라.

또 무애보살아, 이 천지팔양경이 남섬부주

에 유행하면 가는 곳마다 여덟 보살과 여

러 범천왕과 온갖 밝은 신령들이 이 경을 둘러싸고 호위하며 향과 꽃으로 공양하기를 부처님과 같이 하리라.』

부처님이 무애보살마하살에게 말씀하셨다.

『만일 선남자나 선여인이 중생들을 위하여 이 경을 강설하여 실상을 잘 알고 깊은 이치를 얻으면 이 몸이 곧 부처님의 몸이요, 이 마음이 곧 법의 마음임을 알 것이니라. 그리하여 능히 아는 것이 곧 지혜인지라, 눈으로는 항상 여러 가지 모든 물질을 보건대 물질이 곧 공이요, 공이 곧 물질이며, 감각과 지각과 의지와 인식도 또한 공이어서 이것이 묘색신여래이며, 귀로는 항상 여러 가지 끝없는 소리를 듣건대 소리가 곧 공이요, 공이 곧 소리여서 이것이 묘음성여래이며, 코로는 항상 여러 가지 끝없는 냄새를 맡건대 냄새가 곧 공이요,

공이 곧 냄새여서 이것이 향적여래이며, 혀로는 항상 여러 가지 끝없는 맛을 알진대 맛이 곧 공이요, 공이 곧 맛이어서 이것이 법희여래이며, 몸으로는 항상 여러 가지 끝없는 촉감을 느끼건대 촉감이 곧 공이요, 공이 곧 촉이어서 이것이 지승여래며, 뜻으로는 항상 여러 가지 끝없는 법을 생각하며 분별하거든 법이 곧 공이요, 공이 곧 법이어서 이것이 법명여래이니라.

선남자야, 이 육근이 나타나되 사람들이 항상 입으로 선한 말을 하여 선법이 항상 행하여지면 성인의 도를 이루는 것이요, 나쁜 말을 하여 악법이 항상 행하여지면 지옥에 떨어지느니라.

선남자야, 선악의 이치를 꼭 믿어야 하느니라.

선남자야, 사람의 몸과 마음이 불법을 담

을 그릇이며 또한 십이부의 가장 큰 경전

이건만 끝없는 옛적부터 지금까지 모두 읽

지 못하였으며 터럭만치도 건드리지 못하

였나니 이 여래장경은 마음을 알고 성품을

본 사람만이 아는 것이요, 성문이나 범부

들은 알지 못하느니라.

선남자야, 이 경을 읽고 외워서 깊이 진리

를 깨달으면 이 몸과 마음이 곧 불법을 담

는 그릇인 줄을 알거니와 만일 술 취한 듯

깨지 못하면 자기의 마음이 불법의 근본임

을 알지 못하고 여러 갈래로 헤매며 나쁜

길에 떨어져서 영원히 고통바다에 빠지고

불법이란 이름조차 듣지 못하리라.』

그때에 오백 천인들의 대중 가운데서 부처

님의 말씀을 듣고 지혜의 눈이 밝아짐을

얻고는 크게 즐거워서 즉시 위없는 깨달음

의 마음을 내었느니라.

무애보살이 다시 부처님께 여쭈었다.

『세존이시여, 사람이 이 세상에 있어서 나고 죽는 것이 가장 소중하지마는 날 때에도 택일하지 못하고 때가 되면 나는 것이요, 죽을 때에도 택일하지 못하고 때가 되면 죽는다고 할지라도 시신을 안치하거나 장사지낼 때에는 좋은 날을 택하여 시신을 안치하고 장사하건만 그러한 뒤에 도리어 해가 되어 빈궁해지는 이가 많고 가문이 멸망하는 일까지 적지 아니합니다.

원컨대 세존이시여, 소견이 잘못되고 무지한 중생들을 위하여 그 인연을 말씀하사 올바른 소견을 가지고 뒤바뀐 소견을 덜게 하여 주시옵소서.』

부처님이 말씀하셨다.

『훌륭하고 훌륭하다. 선남자야, 네가 능히 중생들의 나고 죽는 일과 시신을 안치하거

나 장사 지내는 법을 물으니 자세히 들으라.

너를 위하여 슬기로운 이치와 대도의 법을
말하리라.

대개 천지는 넓고 깨끗하며 해와 달은 항
상 밝은지라, 어느 시간이나 어느 해나 좋
고 아름다워 조금도 다름이 없느니라.

선남자야, 인왕보살이 크게 자비하여 중생
을 불쌍히 여기기를 어린아이같이 하는 탓
으로 사람들의 임금이 되고 백성의 부모가
되었을 때 세속 사람을 수순하여 세속법을
가르치되 책력을 만들어 천하에 반포하여
절후를 알게 하였거늘 만(滿), 평(平), 성
(成), 수(收), 개(開), 제(除), 집(執), 위
(危), 파(破), 살(殺)이란 글자가 있는 까
닭으로 어리석은 사람들은 글자대로만 믿
으면 흉한 일과 재앙을 면하리라 하고, 삿
된 교를 섬기는 사람들은 이것을 부연하여

이리하면 옳고 저리하면 그르다 하여 부질 없이 삿된 신에게 구하며 아귀에게 절하다가 도리어 재앙을 만나고 고통을 받나니, 이런 사람들은 천시에 배반되고 지리에 어긋나며, 해와 달의 밝은 빛을 등지고 항상 어두운 데로 가는 것이며, 정도의 넓은 길을 버리고 항상 잘못된 길을 찾는 것이니, 뒤바뀐 소견이 심한 까닭이니라.

선남자야, 해산하려 할 때에 이 경을 세 번만 읽으면 아이를 순산하여 크게 길할 것이며, 총명하고 지혜 있고 복덕이 구족하여 요절하는 일이 없을 것이요, 죽으려 할 때에 이 경을 세 번만 읽으면 조금도 방해가 없고 한량없는 복을 얻으리라.

선남자야, 날마다 좋은 날이요, 달마다 좋은 달이요, 해마다 좋은 해라 진실로 막힐 것이 없나니, 준비만 되면 어느 때든지 시

신을 안치하거나 장사 지내되, 장사하는 날에 이 경을 일곱 번만 읽으면 크게 길하고 이로워서 한량없는 복을 받을 것이며, 가문이 번영하고 사람이 귀히 되며 수명이 늘어 장수하고 목숨을 마치는 날에는 성인의 도를 이루리라.

선남자야, 시신을 안치하고 장사할 곳은 동서남북을 물을 것 없고 편안한 자리를 구할지니 사람이 좋아하는 곳이면 귀신도 좋아하느니라. 이 경을 세 번 읽고 역사를 시작하여 묘를 쓰고 묘전을 마련하면 재앙은 영원히 없어지고 집은 부유해지고 사람이 번성하여 크게 길하리라.』

그때에 세존께서 이러한 뜻을 거듭 말씀하사 게송으로 말씀하셨다.

삶을 영위할 때
좋은 날이요,

장사하는 그날마저

길한 때이니

날 때에나 죽을 때에

이 경을 읽으면

크게 길하고

크게 이익됨을 얻으리라.

달마다 좋은 달이요,

해마다 좋은 해로다.

이 경을 읽고 장사지내면,

천추만대 영화롭고

창성하리라.

그때에 대중 가운데 칠만칠천 사람이 부처님의 말씀을 듣고 마음이 열리고 뜻이 트이어, 삿된 도를 버리고 정도로 돌아와서 불법을 얻어 지녀 의심을 영원히 끊어버리고, 모든 대중이 최상의 성스러운 깨달음의 마음을 내었다.

무애보살이 다시 부처님께 여쭈었다.

『세존이시여, 범부들이 혼인을 하려 할 때에 먼저 서로 맞는가를 물어보고, 다음에 길한 날을 택하여서 혼례를 행하지만 혼인한 뒤에 부귀하여 해로하는 이는 적고, 빈궁하게 살다 헤어지고 죽어 이별하는 이가 많으니, 똑같이 삿된 말을 믿는 것이거늘 어찌하여 이러한 차별이 있나이까.

원컨대 세존께서 여러 사람의 의심을 풀어 주소서.』

부처님께서 말씀하셨다.

『선남자야, 자세히 들으라. 너를 위하여 말하리라.

무릇 하늘은 양이요 땅은 음이며, 달은 음이요 해는 양이며, 물은 음이요 불은 양이며, 남자는 양이요 여자는 음이니, 하늘과 땅의 기운이 합하여 온갖 초목이 나는 것

이요, 해와 달이 서로 움직여 사계절과 팔절기가 분명하게 생기는 것이요, 물과 불이 서로 보좌하여 온갖 만물이 성숙하는 것이요, 남녀가 화합하여 자손이 번성하는 것이 모든 세상의 당연한 도리요 자연의 이치이며 세속의 법이니라.

선남자야, 어리석은 사람은 지견이 없어 삿된 도리를 따르는 사람을 믿어 점치고 굿을 하여 길하기를 바라며, 선업을 닦지 않고 여러 가지 악업만 짓다가 죽은 뒤에는 다시 사람으로 태어나는 이는 손톱 위의 흙과 같이 적고, 지옥에 떨어져 아귀가 되거나 축생으로 태어나는 이가 땅덩이의 흙과 같이 많으니라. 선남자야, 사람으로 태어난 이들도 바른 일을 믿고 선업을 닦는 이는 손톱 위의 흙만큼이나 적고, 나쁜 도를 믿고 악업을 짓는 이는 땅덩이의 흙

과 같이 많으니라.

선남자야, 혼인을 맺으려 할 때는 물과 불이 상극이 된다거나 포와 태가 서로 눌린다거나 나이가 맞지 않거나를 묻지 말고 다만 녹명서를 보면 복덕이 많고 적음을 알 수 있는 것이니, 그로써 권속을 삼고 결혼하는 날에 이 경을 세 번 읽고 혼례를 올리면 좋은 일이 항상 계속되고 빛난 광명이 서로 모여 가문은 높아지고 사람은 귀히 되고 자손이 창성하되, 총명하고 지혜롭고 재주 있고 솜씨 좋고 효도하고 공경함이 대대로 계승되어 크게 길할 것이요, 요절하는 일이 없고 복덕이 구족하여 불도를 이루리라.』

그때에 여덟 보살이 부처님의 위신력을 이어서 총지를 얻고도 항상 인간 세상에 머무르며 밝은 광명을 두리우고, 티끌세상과 함

께 하면서 삿된 도를 깨뜨리고 정도를 세우

며 사생을 제도하고 항상 해탈에 있으면서

도 남들과 달리하지 아니하니 그 이름은,

발타라보살누진화 나린갈보살누진화

교목도보살누진화 나라달보살누진화

수미심보살누진화 인저달보살누진화

화륜조보살누진화 무연관보살누진화였다.

이 여덟 보살이 함께 부처님께 말씀하시길,

『세존이시여, 저희들이 여러 부처님 처소에

서 받은 다라니 주문을 지금 설하여서 천지

팔양경을 받아 지니고 읽고 외우는 이를 보

호하여 영원히 두려울 것이 없게 하오며,

또 온갖 악한 것들로 하여금 이 경 읽는 법

사를 침노하지 못하게 하겠나이다.』

하고 부처님 앞에서 주문을 외웠다.

『아거니 이거니 아비라 만례 만다례』

『세존이시여, 만일 어떤 악한 이가 이 법사

에게 와서 시끄럽게 하려 하면 나의 이 주문을 듣고는 머리가 아리나무 가지같이 일곱 쪽으로 쪼개지는 고통이 되게 하겠나이다.』

그때에 무변신보살이 자리에서 일어나 앞으로 나가 부처님께 말씀하시길,

『세존이시여, 어찌하여 천지팔양경이라 하나이까. 세존이시여, 그 뜻을 말씀하사 이 대중들로 하여금 그 뜻을 깨달아 빨리 마음의 근본을 통달하고 부처님의 지견에 들어가 의심을 끊게 하여 주소서.』

부처님이 말씀하셨다.

『훌륭하고 훌륭하다. 선남자야, 너는 자세히 들어라. 내가 너를 위하여 이제 천지팔양경의 뜻을 분별하여 말하리라.

천(天)은 양이요, 지(地)는 음이요, 팔(八)은 분별이요, 양(陽)은 분명히 안다는 뜻이니, 대승의 하염없는 이치를 분명히

알아서 팔식 인연이 공하여 얻을 것이 없음을 잘 분별하는 것이니라. 또한 팔식은 세로 줄이 되고, 양의 글자는 가로 줄이 되어 세로 줄과 가로 줄에 뜻이 서로 어울려 경전을 이룬 까닭에 팔양경이라 하느니라.

팔은 팔식이니, 안, 이, 비, 설, 신, 의 여섯 근으로 된 육식과 함장식과 아뢰야식을 더하여 팔식이라 하거늘, 팔식의 근원을 분명하게 분별하면 아무것도 없이 공한 것이니라. 그러므로 알아라.

두 눈은 광명천이니 광명천 가운데에는 일월광명 세존을 나타내고, 두 귀는 성문천이니 성문천 가운데에는 무량성여래를 나타내고, 두 코는 불향천이니 불향천 가운데에는 향적여래를 나타내고, 입에 혀는 법미천이니 법미천 가운데에는 법희여래를 나타내고, 몸은 노사나천이니 노사나천

가운데에는 성취노사나불과 노사나경상불과 노사나광명불을 나타내고, 뜻은 무분별천이니 무분별천 가운데에는 부동여래대광명불을 나타내고, 마음은 법계천이니 법계천 가운데에는 공왕여래를 나타내며, 함장식천에는 아나함경과 대반열반경을 나타내고, 아뢰야식천에는 대지도론경과 유가론경을 연출하느니라.

선남자야, 부처님이 곧 법이요, 법이 곧 부처님이니 합하여 한 모양이 되어 대통지승여래를 나타내느니라.』

부처님께서 이 경을 말씀하실 때에 대지가 여섯 가지로 진동하며, 광명이 하늘과 땅에 비추어 끝간 데가 없이 두루 가득하여 이름할 수 없었으며 온갖 어둡던 곳이 모두 명랑하여지고 모든 지옥이 한꺼번에 소멸하여 여러 죄인들이 모두 고통을 여의었다.

그때에 대중 가운데 있던 팔만팔천 보살이 일시에 성불하였으니, 이름이 공왕여래 응정등각이시고 겁명은 이구겁이요, 국호는 무변국이니, 모든 중생들이 모두 보살의 육바라밀을 행하여 너나 할 것 없이 다름없는 삼매를 증득하여 얻을 바 없는 데에 이르렀으며, 육만육천 비구와 비구니와 우바새와 우바이들은 총지를 얻어서 불이법문에 들어갔고, 수없는 하늘과 용과 야차와 건달바와 아수라와 가루라와 긴나라와 마후라가와 인비인 등은 법의 눈이 깨끗해짐을 얻어서 보살도를 행하였다.

『선남자야, 어떤 사람이 벼슬하여 도임하는 날에나 새로 집에 들어갈 때에 이 경을 세 번만 읽으면 한없이 대길하여 선신이 보호하며 수명이 늘어 장수하고 복과 덕이 구족하리라.

선남자야, 이 경을 한 번만 읽어도 모든 경을 한 번 읽는 것과 같고 이 경을 한 권만 써도 모든 경을 한 번 쓰는 것과 같아서 그 공덕은 말할 수 없고 한량없음이 허공과 같이 끝 간 데가 없을 것이며 성인의 깨달음의 경지에 이르리라.

또 무변신보살마하살아, 만일 어떤 중생이 정법은 믿지 아니하고 잘못된 소견만 내다가 문득 이 경의 말씀을 듣고 즉시 비방하기를 「부처님 말씀이 아니다」 하면, 이 사람은 금생에 문둥병이 들어서 온몸에 나쁜 창질이 생기고 고름이 흐르고 나쁜 냄새가 두루 퍼져서 사람들이 미워하며, 목숨이 마치는 날에는 아비무간지옥에 떨어져 위에서 붉은 불이 아래까지 내려뿜고, 아래에 있는 불은 위로 솟아오르며, 쇠 작살은 온몸을 쑤시며, 구리 녹인 물은 입에 부어져 뼈와 힘줄이 익어 문드러지며, 하룻낮 하룻밤에 만 번 죽고 만 번 살아서 수없는 고통이 쉴 새 없으리니, 이 경을 비방한 탓으로 이러한 죄를 받느니라.』

부처님께서 죄인들을 위하여 게송으로 말씀하셨다.

이 몸은   자연히 생긴 몸이니,

머리와 사지도   자연히 구비하였고

자라기도   자연히 자라났으며

늙는 것도   자연히 늙어만 지네.

날 때에도   자연히 생겨났으니,

죽을 때에도   자연히 죽게 되리라.

키 크기를 구하여도 안 커지나니

작아지기를 구한다고 작아질건가.

괴로움도 즐거움도 네가 받나니

잘못되고 잘되기도 네게 달렸네.

좋은 공덕 지으려면 이 경을 읽으라.

천년 만년 도통하여 법을 펴리라.

부처님께서 이 경 설하기를 마치시니, 모든 대중들은 일찍이 맛보지 못한 기쁨을 얻어 마음이 열리고 뜻이 깨끗해져서, 즐겁게 뛰면서 모든 모양이 참모양 아닌 것을 보고 부처님의 경지에 들어가 부처님의 경지를 깨달았으나, 들어간 것도 없고 깨달은 것도 없으며, 아는 바도 없고 보는 바도 없어서, 한 가지 법도 얼음이 없는 열반의 즐거움에 이르렀다.

불기 25 년 월 일 불자 사경

천 지 팔 양 신 주 경

이렇게 들었다.

어느 때에 부처님이 비야달마성 고요한 곳

에 계실 적에 시방에서 따라다니는 사부대

중이 부처님을 모시고 둘러앉았다.

이때에 무애보살이 대중 가운데 있다가 자

리에서 일어나 합장하고 부처님을 향하여

여쭈었다.

『세존이시여, 이 남섬부주 중생들이 번갈

아 서로 낳기를 끝없는 옛적부터 지금에

이르기까지 끊어지지 아니하며, 유식한 이

는 적고 무식한 이가 많으며, 염불하는 이

는 적고 잡신에게 구하는 이가 많으며, 계

행을 지니는 이는 적고 계행을 파하는 이
가 많으며, 정진하는 이는 적고 게으른 이
가 많으며, 지혜 있는 이는 적고 어리석은
이가 많으며, 장수하는 이는 적고 단명하
는 이가 많으며, 선정 닦는 이는 적고 마
음이 산란한 이가 많으며, 부귀한 이는 적
고 빈천한 이가 많으며, 유순한 이는 적고
거친 이가 많으며, 흥성하는 이는 적고 고
독한 이가 많으며, 정직한 이는 적고 아첨
하는 이가 많으며, 청정한 이는 적고 탐내
는 이가 많으며, 보시하는 이가 적고 인색
한 이는 많으며, 진실한 이는 적고 허황한
이가 많으며, 세속은 천박하고 관리들은
혹독하며 부역과 구실은 잡다하여 백성들
은 궁한 연고로 구하는 바를 얻기 어렵고,
삿되고 전도된 견해를 믿어 이러한 고통을
받는 듯하오니, 바라옵건대 세존께서는 이

소견이 잘못된 중생들을 위하여 올바른 법

문을 말씀하시어 잘못된 것을 깨닫고 온갖

고통을 면하게 하소서.』

부처님이 말씀하셨다.

『훌륭하고 훌륭하다. 무애보살아, 네가 자

비한 마음으로 소견이 잘못된 중생들을 위

하여 부사의한 여래의 올바른 법을 물으니

자세히 듣고 잘 생각하라.

내가 너를 위하여 천지팔양경을 분별하여

말하리라. 이 경은 과거세 부처님들께서도

말씀하시었고, 미래세 부처님들께서도 말

씀하실 것이요, 현세 모든 부처님들도 말

씀하시느니라.

이 하늘과 땅 사이에는 사람이 가장 수승

하여 만물 가운데 가장 귀한 것이니, 사람

이란 것은 바른 것이며 참된 것이란 뜻이

니 마음으로는 허망함이 없고 몸으로는 바

르고 참된 일을 행하여야 하느니라. 왼쪽

으로 삐친 획은 바르다는 뜻이요, 오른쪽

으로 삐친 획은 참되다는 뜻이니 항상 바

르고 참된 일만 행하므로 사람이라 하였느

니라. 이러함으로 사람은 능히 도를 넓히

고, 도는 몸을 윤택케 하는 줄을 알지니,

도를 의지하고 사람을 의지하면 모두 성인

의 도를 이루느니라.

다시 말하니 무애보살아, 여러 중생이 사

람이 되었건만 복을 닦지 못하여 참된 것

을 등지고 거짓된 것을 향하여 여러 가지

나쁜 업을 지었으므로 목숨을 마치려 할

적에 고생바다에 빠져서 여러 가지 죄보를

받게 되나니, 만일 이 경 말씀을 듣고 믿

는 마음을 거스르지 아니하면 모든 죄업을

해탈하고 고생바다에서 벗어나 선신의 가

호를 입어 모든 장애가 없어지고 수명이

늘어 오래 살고 횡액과 일찍 죽는 일이 없을 것이니, 믿는 힘으로도 이러한 복을 받게 되거늘 하물며 어떤 사람이 이 경을 쓰거나 받아 지니거나 읽거나 외우거나 법답게 닦아 행하면 그 공덕은 헤아릴 수 없고 끝이 없어서 목숨을 마친 뒤에는 모두 부처를 이루게 되느니라.』

부처님이 무애보살마하살에게 이르셨다.

『만일 어떤 중생이 삿된 도를 믿고 소견이 잘못되면 곧 사마와 외도와 도깨비와 나쁜 새의 울음과 온갖 괴물과 나쁜 귀신들이 번갈아 와서 시끄럽게 할 것이며, 나쁜 질병이나 모진 염병이나 여러 가지 나쁜 횡액과 병을 주어서 지독한 고통을 쉴 새 없이 받게 될 것이나 만약 선지식을 만나 이 경을 세 번만 읽어주면 이러한 나쁜 귀신들이 모두 소멸되고 병이 나을 것이며, 몸이 건강

하고 기운이 충실하리니, 이 경을 읽은 공

덕으로 이러한 복을 받게 되느니라.

만일 어떤 중생이 음욕과 성냄과 어리석은

생각과 간탐하고 시기하는 마음이 많더라

도 만일 이 경을 보고 믿고 공경하고 공양

하여 세 번만 읽으면 어리석고 나쁜 버릇

이 모두 소멸되고 자비하고 기쁜 불법의

복을 얻게 되느니라.

또 무애보살아, 어느 선남자 선여인이 어

떤 역사를 하려 할 때에 먼저 이 경을 세

번만 읽으면 담을 쌓거나 터를 다지거나

집을 짓거나 안채, 바깥채나 동서 행랑이

나 부엌과 객실을 중수하거나 문을 내고

샘을 파고 아궁이를 고치고 방아를 놓고

창고를 짓고 가축들의 우리를 세우더라도

일유신과 월살귀와 장군태세와 황번표미

와 오방지신과 청룡백호, 주작현무와 육갑

금휘와 십이체신과 토위와 복룡과 온갖 허깨비 도깨비들이 모두 숨거나 타방으로 물러가며 형상과 그림자까지 소멸되고 해롭게 하지 못할 것이며 매사가 대길하여 한량없는 복을 받으리라.

선남자야, 역사를 일으킨 뒤에 집안이 태평하고 가옥이 견고하며 부귀영화를 구하지 아니하여도 저절로 이루어지며, 혹 먼길을 가거나 군대에 들어가거나 벼슬을 구하거나 장사를 하려 하여도 매우 편리하게 되며, 가문이 흥왕하여 사람이 귀히 되며, 백자천손에 아비는 사랑하고 아들은 효도하며, 남자는 충성하고 여자는 정결하며, 형은 우애하고 아우는 공손하며, 부부가 화목하고 친척 간에 신의가 있어 소원을 성취하게 될 것이며, 만일 어떤 중생이 옥중에 감금되거나 도적에게 붙들렸더라도

이 경을 세 번만 읽으면 즉시 벗어나게 되느니라.

어느 선남자나 선여인이 천지팔양경을 받아지니거나 외우거나 남을 위하여 쓰거나 하면 불에 들어가도 타지 아니하고, 물에 빠져도 떠내려가지 아니하며, 험한 숲 속에 가더라도 범과 이리가 자취를 감추고 할퀴거나 물지 못하며 선신이 보호하며 무상도를 이루게 되느니라.

또 어떤 사람이 거짓말과 꾸며대는 말과 욕설과 이간질하는 말을 많이 하였더라도 이 경을 받아 지니거나 외우거나 하면 네 가지 허물이 없어지고 네 가지 무애변재를 얻어서 불도를 성취할 것이니라.

또 선남자나 선여인의 부모가 죄를 짓고 죽은 후에 지옥에 떨어져서 무한한 고통을 받게 되었을지라도, 그 아들이 이 경을 일곱

번만 읽으면 그 부모가 지옥에서 벗어나 천

상에 날 것이며 부처님 법문을 듣고 무생법

인을 깨달아 불도를 이루게 되느니라.』

부처님이 무애보살에게 이르셨다.

『비바시 부처님 때에 우바새 우바이가 삿

된 교를 믿지 않고 불법을 존중하며 이 경

을 써서 배우고 읽고 외우며 할 일을 모두

하되 한 번도 의심하지 아니하며 올바르게

믿는 까닭으로 보시를 널리 행하고 평등하

게 공양하다가 번뇌 없는 몸을 얻어 보리

도를 이루었으니 명호는 보광여래 응정등

각이요, 겁명은 대만겁이며 세계 이름은

무변국토라. 그 세계 중생들이 다만 보살

도를 행하였을 뿐이요, 법을 얻었다는 것

은 없었느니라.

또 무애보살아, 이 천지팔양경이 남섬부주

에 유행하면 가는 곳마다 여덟 보살과 여

러 범천왕과 온갖 밝은 신령들이 이 경을 둘러싸고 호위하며 향과 꽃으로 공양하기를 부처님과 같이 하리라.』

부처님이 무애보살마하살에게 말씀하셨다.

『만일 선남자나 선여인이 중생들을 위하여 이 경을 강설하여 실상을 잘 알고 깊은 이치를 얻으면 이 몸이 곧 부처님의 몸이요, 이 마음이 곧 법의 마음임을 알 것이니라. 그리하여 능히 아는 것이 곧 지혜인지라, 눈으로는 항상 여러 가지 모든 물질을 보건대 물질이 곧 공이요, 공이 곧 물질이며, 감각과 지각과 의지와 인식도 또한 공이어서 이것이 묘색신여래이며, 귀로는 항상 여러 가지 끝없는 소리를 듣건대 소리가 곧 공이요, 공이 곧 소리여서 이것이 묘음성여래이며, 코로는 항상 여러 가지 끝없는 냄새를 맡건대 냄새가 곧 공이요,

공이 곧 냄새여서 이것이 향적여래이며,
혀로는 항상 여러 가지 끝없는 맛을 알진
대 맛이 곧 공이요, 공이 곧 맛이어서 이
것이 법희여래이며, 몸으로는 항상 여러
가지 끝없는 촉감을 느끼건대 촉감이 곧
공이요, 공이 곧 촉이어서 이것이 지승여
래며, 뜻으로는 항상 여러 가지 끝없는 법
을 생각하며 분별하거든 법이 곧 공이요,
공이 곧 법이어서 이것이 법명여래이니라.
선남자야, 이 육근이 나타나되 사람들이
항상 입으로 선한 말을 하여 선법이 항상
행하여지면 성인의 도를 이루는 것이요,
나쁜 말을 하여 악법이 항상 행하여지면
지옥에 떨어지느니라.
선남자야, 선악의 이치를 꼭 믿어야 하느
니라.
선남자야, 사람의 몸과 마음이 불법을 담

을 그릇이며 또한 십이부의 가장 큰 경전
이건만 끝없는 옛적부터 지금까지 모두 읽
지 못하였으며 터럭만치도 건드리지 못하
였나니 이 여래장경은 마음을 알고 성품을
본 사람만이 아는 것이요, 성문이나 범부
들은 알지 못하느니라.

선남자야, 이 경을 읽고 외워서 깊이 진리
를 깨달으면 이 몸과 마음이 곧 불법을 담
는 그릇인 줄을 알거니와 만일 술 취한 듯
깨지 못하면 자기의 마음이 불법의 근본임
을 알지 못하고 여러 갈래로 헤매며 나쁜
길에 떨어져서 영원히 고통바다에 빠지고
불법이란 이름조차 듣지 못하리라.』

그때에 오백 천인들의 대중 가운데서 부처
님의 말씀을 듣고 지혜의 눈이 밝아짐을
얻고는 크게 즐거워서 즉시 위없는 깨달음
의 마음을 내었느니라.

무애보살이 다시 부처님께 여쭈었다.

『세존이시여, 사람이 이 세상에 있어서 나고 죽는 것이 가장 소중하지마는 날 때에도 택일하지 못하고 때가 되면 나는 것이요, 죽을 때에도 택일하지 못하고 때가 되면 죽는다고 할지라도 시신을 안치하거나 장사지낼 때에는 좋은 날을 택하여 시신을 안치하고 장사하건만 그러한 뒤에 도리어 해가 되어 빈궁해지는 이가 많고 가문이 멸망하는 일까지 적지 아니합니다.

원컨대 세존이시여, 소견이 잘못되고 무지한 중생들을 위하여 그 인연을 말씀하사 올바른 소견을 가지고 뒤바뀐 소견을 덜게 하여 주시옵소서.』

부처님이 말씀하셨다.

『훌륭하고 훌륭하다. 선남자야, 네가 능히 중생들의 나고 죽는 일과 시신을 안치하거

나 장사 지내는 법을 물으니 자세히 들으라.

너를 위하여 슬기로운 이치와 대도의 법을 말하리라.

대개 천지는 넓고 깨끗하며 해와 달은 항상 밝은지라, 어느 시간이나 어느 해나 좋고 아름다워 조금도 다름이 없느니라.

선남자야, 인왕보살이 크게 자비하여 중생을 불쌍히 여기기를 어린아이같이 하는 탓으로 사람들의 임금이 되고 백성의 부모가 되었을 때 세속 사람을 수순하여 세속법을 가르치되 책력을 만들어 천하에 반포하여 절후를 알게 하였거늘 만(滿), 평(平), 성(成), 수(收), 개(開), 제(除), 집(執), 위(危), 파(破), 살(殺)이란 글자가 있는 까닭으로 어리석은 사람들은 글자대로만 믿으면 흉한 일과 재앙을 면하리라 하고, 삿된 교를 섬기는 사람들은 이것을 부연하여

이리하면 옳고 저리하면 그르다 하여 부질

없이 삿된 신에게 구하며 아귀에게 절하다

가 도리어 재앙을 만나고 고통을 받나니,

이런 사람들은 천시에 배반되고 지리에 어

긋나며, 해와 달의 밝은 빛을 등지고 항상

어두운 데로 가는 것이며, 정도의 넓은 길

을 버리고 항상 잘못된 길을 찾는 것이니,

뒤바뀐 소견이 심한 까닭이니라.

선남자야, 해산하려 할 때에 이 경을 세

번만 읽으면 아이를 순산하여 크게 길할

것이며, 총명하고 지혜 있고 복덕이 구족

하여 요절하는 일이 없을 것이요, 죽으려

할 때에 이 경을 세 번만 읽으면 조금도

방해가 없고 한량없는 복을 얻으리라.

선남자야, 날마다 좋은 날이요, 달마다 좋

은 달이요, 해마다 좋은 해라 진실로 막힐

것이 없나니, 준비만 되면 어느 때든지 시

신을 안치하거나 장사 지내되, 장사하는
날에 이 경을 일곱 번만 읽으면 크게 길하
고 이로워서 한량없는 복을 받을 것이며,
가문이 번영하고 사람이 귀히 되며 수명이
늘어 장수하고 목숨을 마치는 날에는 성인
의 도를 이루리라.

선남자야, 시신을 안치하고 장사할 곳은
동서남북을 물을 것 없고 편안한 자리를
구할지니 사람이 좋아하는 곳이면 귀신도
좋아하느니라. 이 경을 세 번 읽고 역사를
시작하여 묘를 쓰고 묘전을 마련하면 재앙
은 영원히 없어지고 집은 부유해지고 사람
이 번성하여 크게 길하리라.』

그때에 세존께서 이러한 뜻을 거듭 말씀하
사 계송으로 말씀하셨다.

　　　삶을 영위할 때

　　　좋은 날이요,

장사하는 그날마저

길한 때이니

날 때에나 죽을 때에

이 경을 읽으면

크게 길하고

크게 이익됨을 얻으리라.

달마다 좋은 달이요,

해마다 좋은 해로다.

이 경을 읽고 장사지내면,

천추만대 영화롭고

창성하리라.

그때에 대중 가운데 칠만칠천 사람이 부처님의 말씀을 듣고 마음이 열리고 뜻이 트이어, 삿된 도를 버리고 정도로 돌아와서 불법을 얻어 지녀 의심을 영원히 끊어버리고, 모든 대중이 최상의 성스러운 깨달음의 마음을 내었다.

무애보살이 다시 부처님께 여쭈었다.

『세존이시여, 범부들이 혼인을 하려 할 때에 먼저 서로 맞는가를 물어보고, 다음에 길한 날을 택하여서 혼례를 행하지만 혼인한 뒤에 부귀하여 해로하는 이는 적고, 빈궁하게 살다 헤어지고 죽어 이별하는 이가 많으니, 똑같이 삿된 말을 믿는 것이거늘 어찌하여 이러한 차별이 있나이까.

원컨대 세존께서 여러 사람의 의심을 풀어 주소서.』

부처님께서 말씀하셨다.

『선남자야, 자세히 들으라. 너를 위하여 말하리라.

무릇 하늘은 양이요 땅은 음이며, 달은 음이요 해는 양이며, 물은 음이요 불은 양이며, 남자는 양이요 여자는 음이니, 하늘과 땅의 기운이 합하여 온갖 초목이 나는 것

이요, 해와 달이 서로 움직여 사계절과 팔

절기가 분명하게 생기는 것이요, 물과 불

이 서로 보좌하여 온갖 만물이 성숙하는

것이요, 남녀가 화합하여 자손이 번성하는

것이 모든 세상의 당연한 도리요 자연의

이치이며 세속의 법이니라.

선남자야, 어리석은 사람은 지견이 없어

삿된 도리를 따르는 사람을 믿어 점치고

굿을 하여 길하기를 바라며, 선업을 닦지

않고 여러 가지 악업만 짓다가 죽은 뒤에

는 다시 사람으로 태어나는 이는 손톱 위

의 흙과 같이 적고, 지옥에 떨어져 아귀가

되거나 축생으로 태어나는 이가 땅덩이의

흙과 같이 많으니라. 선남자야, 사람으로

태어난 이들도 바른 일을 믿고 선업을 닦

는 이는 손톱 위의 흙만큼이나 적고, 나쁜

도를 믿고 악업을 짓는 이는 땅덩이의 흙

과 같이 많으니라.

선남자야, 혼인을 맺으려 할 때는 물과 불이 상극이 된다거나 포와 태가 서로 늘린다거나 나이가 맞지 않거나를 묻지 말고 다만 녹명서를 보면 복덕이 많고 적음을 알 수 있는 것이니, 그로써 권속을 삼고 결혼하는 날에 이 경을 세 번 읽고 혼례를 올리면 좋은 일이 항상 계속되고 빛난 광명이 서로 모여 가문은 높아지고 사람은 귀히 되고 자손이 창성하되, 총명하고 지혜롭고 재주 있고 솜씨 좋고 효도하고 공경함이 대대로 계승되어 크게 길할 것이요, 요절하는 일이 없고 복덕이 구족하여 불도를 이루리라.』

그때에 여덟 보살이 부처님의 위신력을 이어서 총지를 얻고도 항상 인간 세상에 머무르며 밝은 광명을 두리우고, 티끌세상과 함

께 하면서 삿된 도를 깨뜨리고 정도를 세우며 사생을 제도하고 항상 해탈에 있으면서도 남들과 달리하지 아니하니 그 이름은,

발타라보살누진화 나린갈보살누진화

교목도보살누진화 나라달보살누진화

수미심보살누진화 인저달보살누진화

화륜조보살누진화 무연관보살누진화였다.

이 여덟 보살이 함께 부처님께 말씀하시길,

『세존이시여, 저희들이 여러 부처님 처소에서 받은 다라니 주문을 지금 설하여서 천지팔양경을 받아 지니고 읽고 외우는 이를 보호하여 영원히 두려울 것이 없게 하오며, 또 온갖 악한 것들로 하여금 이 경 읽는 법사를 침노하지 못하게 하겠나이다.』

하고 부처님 앞에서 주문을 외웠다.

『아거니 이거니 아비라 만례 만다례』

『세존이시여, 만일 어떤 악한 이가 이 법사

에게 와서 시끄럽게 하려 하면 나의 이 주문

을 듣고는 머리가 아리나무 가지같이 일곱

쪽으로 쪼개지는 고통이 되게 하겠나이다.』

그때에 무변신보살이 자리에서 일어나 앞

으로 나가 부처님께 말씀하시길,

『세존이시여, 어찌하여 천지팔양경이라

하나이까. 세존이시여, 그 뜻을 말씀하사

이 대중들로 하여금 그 뜻을 깨달아 빨리

마음의 근본을 통달하고 부처님의 지견에

들어가 의심을 끊게 하여 주소서.』

부처님이 말씀하셨다.

『훌륭하고 훌륭하다. 선남자야, 너는 자세

히 들어라. 내가 너를 위하여 이제 천지팔

양경의 뜻을 분별하여 말하리라.

천(天)은 양이요, 지(地)는 음이요, 팔

(八)은 분별이요, 양(陽)은 분명히 안다는

뜻이니, 대승의 하염없는 이치를 분명히

알아서 팔식 인연이 공하여 얻을 것이 없음을 잘 분별하는 것이니라. 또한 팔식은 세로 줄이 되고, 양의 글자는 가로 줄이 되어 세로 줄과 가로 줄에 뜻이 서로 어울려 경전을 이룬 까닭에 팔양경이라 하느니라. 팔은 팔식이니, 안, 이, 비, 설, 신, 의 여섯 근으로 된 육식과 함장식과 아뢰야식을 더하여 팔식이라 하거늘, 팔식의 근원을 분명하게 분별하면 아무것도 없이 공한 것이니라. 그러므로 알아라.

두 눈은 광명천이니 광명천 가운데에는 일월광명 세존을 나타내고, 두 귀는 성문천이니 성문천 가운데에는 무량성여래를 나타내고, 두 코는 불향천이니 불향천 가운데에는 향적여래를 나타내고, 입에 혀는 법미천이니 법미천 가운데에는 법희여래를 나타내고, 몸은 노사나천이니 노사나천

가운데에는 성취노사나불과 노사나경상불과 노사나광명불을 나타내고, 뜻은 무분별천이니 무분별천 가운데에는 부동여래대광명불을 나타내고, 마음은 법계천이니 법계천 가운데에는 공왕여래를 나타내며, 함장식천에는 아나함경과 대반열반경을 나타내고, 아뢰야식천에는 대지도론경과 유가론경을 연출하느니라.

선남자야, 부처님이 곧 법이요, 법이 곧 부처님이니 합하여 한 모양이 되어 대통지승여래를 나타내느니라.』

부처님께서 이 경을 말씀하실 때에 대지가 여섯 가지로 진동하며, 광명이 하늘과 땅에 비추어 끝간 데가 없이 두루 가득하여 이름할 수 없었으며 온갖 어둡던 곳이 모두 명랑하여지고 모든 지옥이 한꺼번에 소멸하여 여러 죄인들이 모두 고통을 여의었다.

그때에 대중 가운데 있던 팔만팔천 보살이 일시에 성불하였으니, 이름이 공왕여래 응정등각이시고 겁명은 이구겁이요, 국호는 무변국이니, 모든 중생들이 모두 보살의 육바라밀을 행하여 너나 할 것 없이 다름없는 삼매를 증득하여 얻을 바 없는 데에 이르렀으며, 육만육천 비구와 비구니와 우바새와 우바이들은 총지를 얻어서 불이법문에 들어갔고, 수없는 하늘과 용과 야차와 건달바와 아수라와 가루라와 긴나라와 마후라가와 인비인 등은 법의 눈이 깨끗해짐을 얻어서 보살도를 행하였다.

『선남자야, 어떤 사람이 벼슬하여 도임하는 날에나 새로 집에 들어갈 때에 이 경을 세 번만 읽으면 한없이 대길하여 선신이 보호하며 수명이 늘어 장수하고 복과 덕이 구족하리라.

선남자야, 이 경을 한 번만 읽어도 모든 경을 한 번 읽는 것과 같고 이 경을 한 권만 써도 모든 경을 한 번 쓰는 것과 같아서 그 공덕은 말할 수 없고 한량없음이 허공과 같이 끝 간 데가 없을 것이며 성인의 깨달음의 경지에 이르리라.

또 무변신보살마하살아, 만일 어떤 중생이 정법은 믿지 아니하고 잘못된 소견만 내다가 문득 이 경의 말씀을 듣고 즉시 비방하기를 「부처님 말씀이 아니다」하면, 이 사람은 금생에 문둥병이 들어서 온몸에 나쁜 창질이 생기고 고름이 흐르고 나쁜 냄새가 두루 퍼져서 사람들이 미워하며, 목숨이 마치는 날에는 아비무간지옥에 떨어져 위에서 붙은 불이 아래까지 내려뿜고, 아래에 있는 불은 위로 솟아오르며, 쇠 작살은 온몸을 쑤시며, 구리 녹인 물은 입에 부어

저 뼈와 힘줄이 익어 문드러지며, 하룻낮 하룻밤에 만 번 죽고 만 번 살아서 수없는 고통이 쉴 새 없으리니, 이 경을 비방한 탓으로 이러한 죄를 받느니라.』

부처님께서 죄인들을 위하여 게송으로 말씀하셨다.

이 몸은	자연히 생긴 몸이니,
머리와 사지도	자연히 구비하였고
자라기도	자연히 자라났으며
늙는 것도	자연히 늙어만 지네.
날 때에도	자연히 생겨났으니,
죽을 때에도	자연히 죽게 되리라.
키 크기를 구하여도	안 커지나니
작아지기를 구한다고	작아질건가.
괴로움도 즐거움도	네가 받나니
잘못되고 잘되기도	네게 달렸네.
좋은 공덕 지으려면	이 경을 읽으라.

천년 만년 도통하여 법을 펴리라.

부처님께서 이 경 설하기를 마치시니, 모든 대중들은 일찍이 맛보지 못한 기쁨을 얻어 마음이 열리고 뜻이 깨끗해져서, 즐겁게 뛰면서 모든 모양이 참모양 아닌 것을 보고 부처님의 경지에 들어가 부처님의 경지를 깨달았으나, 들어간 것도 없고 깨달은 것도 없으며, 아는 바도 없고 보는 바도 없어서, 한 가지 법도 얻음이 없는 열반의 즐거움에 이르렀다.

불기 25 년 월 일 불자   사경

육바라밀

임에게는 아까운 것이 없어
무엇이나 바치고 싶은 이 마음
거기서 나는 보시를 배웠노라.

임에게 보이고자
애써 깨끗이 단장하는 이 마음
거기서 나는 지계를 배웠노라.

임이 주시는 것이면
때림이나 꾸지람이나 기쁘게 받는 이 마음
거기서 나는 인욕을 배웠노라.

자나 깨나 쉴새 없이

임을 그리워하고 임 곁으로만 도는 이 마음

거기서 나는 정진을 배웠노라.

천하에 하고 많은 사람중에

오직 임만을 사모하는 이 마음

거기서 나는 선정을 배웠노라.

내가 임의 품에 안길 때에

기쁨도 슬픔도 임과 나의 존재도 잊을 때에

거기서 나는 지혜를 배웠노라.

사 경 본
천지팔양신주경

2021(불기2565)년 8월 20일 초판 1쇄 인쇄
2021(불기2565)년 8월 23일 초판 1쇄 발행

편 집 · 편 집 실
발행인 · 김 동 금
만든곳 · 우리출판사

서울특별시 서대문구 경기대로9길 62
☎ (02) 313-5047, 313-5056
Fax. (02) 393-9696
wooribooks@hanmail.net
www.wooribooks.com
등록 : 제9-139호

ISBN 978-89-7561-350-0 13220

정가 6,000원